「データと対話」で
職場を変える技術

サーベイ・フィードバック

フィードバック入門

SURVEY FEEDBACK

立教大学経営学部教授
中原 淳

これからの組織開発の教科書

PHP

サーベイ・フィードバックがなぜ未来の組織に必要なのか？

これからの職場の新常識「サーベイ・フィードバック」

我が社でも、「AI（人工知能）」を使った職場改善をしよう！
今、大流行の「HRテック」を導入して、離職を減らそう！
そのためには、まず社員からデータを集めることが先決だ！
データ収集には、スマートウォッチが使えるに違いない！

* * *

これからは、毎月定期的に、社員の働きがいを調べなくてはだめだ！
社員の働きがいが生産性に直結しているらしい！
早速、我が社でも「エンゲージメント・サーベイ」を実施しよう！——。

* * *

人事・人材マネジメント業界では、昨今、このような「威勢のいいかけ声」が、市場にこだましています。 AIやセンサー技術、ITやウェアラブルツールなどの最新テクノロジーをHR（人材マネジメント）に活かすのが、いわゆる **HRテック**（エイチアール・テック）です。これらに加えて、近年注目されているのが、職場の生産性に直結するとされている **エンゲージメント**（働きがい）です。従業員のエンゲージメントを測定して職場の生産性向上をめざすといった全社的取り組みが、ここ数年の人事のブームとなっています。

HRテック、エンゲージメント、HRテック、エンゲージメント……。
人材開発や組織開発の業界は、どこもかしこも大騒ぎです。

HRテックやエンゲージメントのサービス・商品のなかでも、「組織や職場のコンディションを見える化」することをめざすサーベイ（組織調査）は、近年、大流行している経営ツールの１つです。この本の読者の方のなかにも、自分の勤めている会社で、サーベイが導入されたという方も多いのではないでしょうか。

最新テクノロジーを駆使しても チームの生産性が上がらないワケ

　私（中原）は、人づくり・組織づくり（人材開発・組織開発）の研究者です。

　これまで約20年近くにわたり、志をともにする企業との共同研究を進め、人材開発や組織開発のプロジェクトを先導してきました。私が日々自らに課していることは「象牙の塔」にこもらぬこと、自らの学問を閉じぬことです。

　これまで、企業の人々とともに、大規模な社会調査を行ったり、組織のデータを分析したりしながら、企業の抱える課題解決をお手伝いしつつ、数多くの研究知見を生み出してきました。2018年からは立教大学大学院経営学研究科で、人材開発・組織開発・リーダーシップ開発について教え、サーベイを組織づくり・チームづくりに活かすためのスキルを高める授業も担当しています。

　最近、ここ数年、様々な企業の人事担当者、経営企画担当者、経営者のお話を伺っておりますと、冒頭で紹介した「威勢のいいかけ声」についついほだされ、高価なシステムを導入し、おかげで現場が「サーベイ」に翻弄されている場面に出会うことがあります。なかには、「鳴り物入り」で全社に導入したサーベイが、盛大に「コケている」姿を目にしたこともあります。

　つまり、サーベイを通じて組織や現場のコンディションを「見える化」

するべく、多種多様なデータを大量に取得したのに、そのデータが活かされておらず、死蔵されている。あるいは、現場・職場・チームにフィードバックされたが、それらの改善に寄与するどころか、むしろ、現場に混乱をもたらしている。それなのに、データの取得は絶え間なく続き、現場のメンバーの疲弊に一役買っている、といった事例をよく耳にするのです。

　先ほどの「威勢のいいかけ声」とは裏腹に、そんな組織には、「現場の人々のため息と怒り」がこだましています。

Ⓐ「ただでさえ忙しいなか、面倒くさい調査に協力して答えた。けれども、その後のフィードバックもなく、あれはいったい何だったんだろう……」

Ⓑ「月に一度、うちのメンバーはアンケートに回答させられていて、その結果が、メールでマネジャーの私に飛んでくる。でも、膨大なデータが返ってくるので、何をどのように改善していいかは、まったくわからない……」

Ⓒ「最新テクノロジーを導入してデータ分析をして、機械が導き出した結論は『欠勤が多くなると、離職する』。それって、数百万円かけて機械に聞かなくても、現場の管理者なら、誰もがわかっていること。『ありがたい結論』だけをフィードバックされても、何もしようがないよ……」

Ⓓ「毎月毎月、サーベイの質問に真面目に回答しているが、それで職場が良くなる気配はいっこうにない。それどころか、最近はその結果もフィードバックされなくなってきた。その一方で、職場の生産性もあげろという。あのサーベイは、いったい、誰のために、何のために実施されているのか……」

　このような現場の嘆き節は、枚挙に暇がありません。しかし、これはこの国のリアルです。現場のメンバーが、サーベイに疲弊感を抱いて、仕事の生産性を下げてしまっている。これが「コケてしまっているサーベイ」

図0−1 「コケてしまっているサーベイ」の典型例

時間ばかりがかかるサーベイに
疲弊しているメンバー

出てきたデータをどう活かせば
いいかわからないマネジャー

の典型例です。

　もっとも、私は「HRテック系のサーベイ」や最新テクノロジーそのものが「悪者だ」とは考えていません。また、サーベイを行うこと自体が悪いと考えているわけではありません。私は、どちらかというと、それらのツールに可能性を感じている側の人間だと思います。
　むしろ、私が感じている問題は次のような点です。

１．多くの場合、「サーベイがどのようなもので、何をめざしているのか」について、担当者・管理者・経営者のあいだで共有理解がないこと

２．サーベイが現場の改善に活かされるためには、「どのようなプロセスを現場に保証することが重要なのか」について、現場の理解が得られていないこと

　この「サーベイそのもの、あるいはサーベイが現場の改善に寄与するプ

ロセスに対する無知・無理解」こそが、問題の根源だと思っています。

本書はサーベイ・フィードバックの 「本邦初の入門書にして決定版」

　現在、あまりサーベイがうまく機能していない企業では、サーベイを担当している人事部や経営企画部の人たちに「データをとれば、問題は見えてくるはず」「サーベイさえ行えば、組織は自然に変わるはず」「データが正解を教えてくれるはず」といった、データやサーベイに関する「誤った認識」があるのではないかと思います。要するに「浅薄な理解」に基づく「安易な導入」なのです。結果は、先に見たとおり、現場の嘆きと怒りがこだますることになります。

　その結果、心ある現場のマネジャーたちのなかに、自分の職場やチームの改善のために、サーベイを上手に活用したいけれども、その方法がよくわからない、と頭を悩ませる方々が生まれることになります。会社が「鳴り物入り」で導入したツールではある。しかしながら、どうせ導入するのなら、自分が率いる職場やチームの生産性を上げる方向に用いたい。そういう方も数多くいらっしゃいます。

　このような悩める現場の方々、サーベイを導入する人事・経営企画の方々の人材開発・組織開発の現状、ニーズにお答えし、「データやサーベイ」にまつわる困難を打破したいと考え執筆したのが、本書『サーベイ・フィードバック入門』です。
　本書が主題として論じる「サーベイ・フィードバック」とは、「**サーベイ（組織調査）」で得られた「データ」を適切に現場に届け（フィードバックし）、現場の変化・職場の改善を導く技術のことです。**
　本書では、サーベイ・フィードバックについて、次の５点から論じたいと思います。この５つの視点から、サーベイ・フィードバックについて

包括的に論じた書籍は、おそらく本邦でこれがはじめてになります。

1. なぜサーベイ・フィードバックが必要なのか？
2. サーベイ・フィードバックの理論
3. 効果的なサーベイ・フィードバックのプロセス
4. サーベイ・フィードバックの盲点
5. サーベイ・フィードバックの企業実践事例

サーベイ・フィードバックは、私が専門とする人材開発・組織開発の基礎技術です[1]。しかし、我が国では長く、人材開発・組織開発に関する高度なプロフェッショナル教育はほとんど行われず、それに関する専門書の刊行もなされていませんでした。

したがって、人事部はおろか、民間教育ベンダーや研修会社、サーベイを提供している会社でさえも、そのノウハウを体系的に持っていることは極めて「まれ」だと思います。いわんや、ジョブローテーションの慣行が強く現場を支配しているこの国では、企業の人事担当者、経営企画担当者のなかに、組織・人事のプロフェッショナルが育ちにくい構造があります。
　畢竟、サーベイ・フィードバックのノウハウを持っている人は、本邦には非常に限られています。現場のマネジャーにおいては、サーベイ・フィードバックといわれても、何をしていいのか皆目見当がつかない人も数多くいらっしゃるのではないでしょうか。

1　サーベイや360度評価の結果を組織・リーダーにフィードバックして、その「開発」をはかろうとするアイデアは、人材開発・組織開発・リーダーシップ開発の中心的な手法の1つです。
Day, D. V. (2000) Leadership Development: A Review in Context. The Leadership Quarterly, 11(4), 581-613.
Day, D. V., Fleenor, J. W., Atwater, L. E., Sturm, R. E. and McKee, R. A. (2014) Advances in Leader and Leadership Development: A Review of 25 Years of Research and Theory. The Leadership Quarterly, 25(1), 63-82.
Cummings, T. G. and Worley, C. G. (2014) Organization Development & Change. South-Western Pub.
Jones, B. B. and Brazzel, M. (2014) The NTL Handbook of Organization Development and Change: Principles, Practices, and Perspectives. Pfeiffer.

しかし、そうした状況が近年、緩やかに変わろうとしています。

変動のきっかけは、サーベイ・フィードバックが頻繁に用いられる「組織開発」の専門書籍の出版からはじまりました。

例えば、組織開発のトップランナーである南山大学の中村和彦先生が著した『入門 組織開発』（光文社新書、2015年）や、中原と中村先生とで共同執筆した『組織開発の探求』（ダイヤモンド社、2018年）、あるいは翻訳書の『対話型組織開発』（ジャルヴァース・R・ブッシュ他著、英治出版、2018年）など、様々な本が出版され、少しずつサーベイ・フィードバックに対する理解が広まってきました。

また高度専門家育成の大学院レベル教育もはじまっています。

2020年には、中原の勤める立教大学大学院 経営学研究科に「人づくり・組織づくり」の専門コース「リーダーシップ開発コース」が新設され、人材開発・組織開発の高度プロフェッショナル養成がスタートします[2]。この大学院では、大学院生が自らクライアント組織を探し、人材開発・組織開発・リーダーシップ開発のプロジェクトを実行し、評価することをもって修士（経営学）の学位を取得できます。学生のなかには、サーベイ・フィードバックを自らの組織に実行し、組織の効果性を高める方もいます。

地に足をつけて徹底的にかみ砕いた 「現場目線の教科書」

本書『サーベイ・フィードバック入門』は、サーベイを担当している人事部や経営企画部の人たちと経営者の皆様、サーベイの結果を活かしつつ現場の変化を導きたい現場のマネジャー・管理職の皆様のために書かれました。組織のなかでサーベイを実施した際には、ぜひ、関係者の皆さんでこの内容を読み合わせいただければ、より効果的な組織の変化・職場の改

2 立教大学大学院 経営学研究科 経営学専攻 リーダーシップ開発コース
https://ldc.rikkyo.ac.jp/

善を導けるものと思います。

　なお、本書を執筆するに当たり、私は「覚悟を決めて取り組んだこと」があります。それは、**「人づくり（人材開発）」や「組織づくり（組織開発）」の領域に存在する、様々な二分法や分断をなるべく乗り越える「知的努力」をなしながら、本書を執筆することです。**

　初学者の方々には、わからないかもしれませんが、実は、「人づくり（人材開発）」や「組織づくり（組織開発）」の領域には、様々な二分法や分断が存在しています。この二分法や分断に対して、「その道のプロフェッショナル」が口角泡を飛ばし、現場の人々がそれに翻弄される構図が見て取れます。

　その道のプロが気にする「二分法」と「分断」とは、たとえば次のようなものです。

　見える化するデータは、定量がいいのか、定性がいいのか？
　組織開発の手法は、診断型組織開発と、対話型組織開発のどちらがいいのか？
　組織開発が依拠する哲学は、客観主義なのか、社会構成主義なのか？
　いや、そもそも企業に必要なのは、人材開発なのか、組織開発なのか？

　私は、本書をしたためるにあたり、これらの二分法、分断を「いったん脇におくこと」を試み、「現場の人々が役立てることができる方法は何か？」だけを考えました。
　現場を裏切らないこと、現場に応えることだけを考え、様々な理論的系譜に存在する知を混合して取り扱うことに覚悟を決めています。

　この本は、**私が、「有用なものこそリアルである」という「プラグマティズムの極地」に、すなわち自分の「信じるものの価値」のなかに己の身をおいて書いた本です。**

　それぞれの「その道のプロ」から見れば、本書には、様々な場所に「パ

ラダイムコンフュージョン（paradigm confusion：異なる理論的系譜にあるものを混合していること）」を見て取れることでしょう。

　しかし、そんなことは、「現場」にとっては、どうでもよろしい。
　私たちの「未来」にとっても、どうでもよろしい。

「パラダイム」か「現場」のどちらか1つを選べ、といわれたら、私は「現場」を選ぶ。
「過去の学説」と「現場の未来」のどちらか1つを選べ、といわれたら、私は「現場の未来」を選ぶ。

The readiness is all.
覚悟がすべてだ！

（シェイクスピア『ハムレット』より）

　本書は、そういう著者によって編まれた本です。

あらゆる「組織、職場、チームの悩み」に役立つ知見を凝縮した1冊

　本書における読者の想定は次の通りです。
　まず読んでいただきたいのは、人事部や経営企画部の方たちです。
　私自身、様々な企業の人事担当者の方々とお話しするなかで、これまで述べてきたような課題意識をお持ちの方も多いと実感しています。ぜひ本書を読み、ここに書かれているノウハウを実践し、知恵やスキルを社内外に広げていってほしいと思います。
　さらに人事の方には、マネジメント研修やＥＳ調査を返すときなど、職場を改善していく際に訪れるあらゆる場面で、ぜひ本書を現場のマネジャーの人たちに手渡していただき、会社全体でこのノウハウを共有していた

だきたいと思います。

　本書は、現場のマネジャー・管理職クラスの方にも読んでいただけるよう、なるべく平易な言葉で書きました。「職場づくりを行う主体」は、やはり「現場のフロントラインにたつマネジャー・管理職」の方々です。

　この本を読んでいただければ、データに基づきながら職場を変えていくことの意義と効力について、十分に理解していただけると思います。

　経営者の方々にも、もし自社でHRテックやエンゲージメント・サーベイを導入する際には、本書を手に取り、その眼目を学んでいただきたいと思います。従業員の声をいかに聞き取れるか、それをどれだけ経営に活かせるかは、サーベイそのものの質だけでは決まりません。

　サーベイで出てきた知見を、いかに現場にフィードバックするかが極めて重要になりますし、その際、経営者・経営陣として、あなたがサーベイをいかに解釈し、対話に参加し、率先垂範するかが問われます。経営者や経営陣が参画しない組織変革が成し遂げられたことは、有史以来極めて少ないのです。

　さらに、意外に思われるかもしれませんが、本書は学校教育の現場にいる方々にも、数多くのメリットをもたらすでしょう。

　たとえば、昨今の高等教育で流行しているIR（大学教育の成果を見える化すること：Institutional Research）や、初等中等教育の現場で注目されているカリキュラムマネジメント（PDCAサイクルをまわしながらカリキュラム改善をはかっていくこと）は、それぞれ別々の専門用語で語られていますが、根底にある考え方には、サーベイ・フィードバックの考え方に通底するところがあると筆者は見ています。

　IRやカリキュラムマネジメントでは、様々な手段を用いて、現場で起こっている事柄を見える化し、それを教職員で共有し、教育機関の明日をつくっていくことがめざされます。しかし、それはもともと、サーベイ・フィードバックの知に通底するものがあると思います。

昨今、教育現場の方々のお話を伺うと、「派手にコケている IR」や「残念なカリキュラムマネジメント」のことをよく耳にします。

　「IR の専門家として統計の専門家をやとったけれど、高度なモデルだけできて、いっこうに教育現場は変わらない」

　「カリキュラムマネジメントを行おうと、学校の経営状態にまつわる様々なデータはとったのだけれども、それをどのように分析して、現場にフィードバックしてよいかわからない」

　本書の知見は、こうした教育現場の悩みにもお答えできるところがあるのだと思います。ぜひ、子どもたちや若者の未来を担う学校教育の現場にいる方々にも、これらの知見が浸透していくことを願ってやみません。

「勘と経験に基づくマネジメント」から本書を読んで脱却せよ！

　このように、本書の読者は非常に「多様」です。この多様な読み手に対応するよう、筆者は本書を執筆するにあたり、組織開発の理論や専門用語は踏まえながらも、専門用語・難しい言葉をできるだけ排除しました。

　また、サーベイ・フィードバックは、それを「誰が行うか」によっても、そのノウハウが異なります。本書の「地の文」では、企業の人事、人材開発・組織開発担当者、あるいは、外部の人材・教育ベンダーの方、ファシリテーターの方が、サーベイ・フィードバックを行うことを想定して書かれています。しかし、本書はそれだけでは終わりません。さらに、専門家だけではなく、現場のマネジャーの方にもお読みいただけるように、「現場マネジャー向けのポイント」を適宜、挿入しています。
　現代の人事管理・組織開発では、現場のマネジャーの重要性が非常に高

まっています。変化が速い市場環境に現場をうまく適応させるためには、できるだけ現場に近いところでマネジメントをする必要があり、それは現場マネジャーの方々なしにはありえません。

　現場マネジャーの方々には、本書で示すサーベイ・フィードバックのポイントやヒントをご覧いただき、効果的なサーベイ・フィードバックを現場でなし、職場の改善を行っていただきたいと願っています。

　サーベイ・フィードバックの知見は、「勘と経験によるマネジメント」から抜け出すためになくてはならない、現代のマネジメントの必須スキルです。この本を活用した読者の方の、明日からの職場改革の一助になれば、これ以上の喜びはありません。

　サーベイによるデータは「正解」を教えてくれません。
　サーベイやデータが、「現場を変える」わけではありません。

　しかし、データは「無意味」ではありません。

　効果的にフィードバックされたサーベイやデータは、「現場に対話」をもたらします。そして、対話は「明日」をつくります。

　人材開発・組織開発の知見が、働きがいのある現場を生み出すことを、同世代を生きる1人の働き手として信じています。

中原　淳

「データと対話」で職場を変える技術
サーベイ・フィードバック入門
これからの組織開発の教科書

CONTENTS

CONTENTS

はじめに 003

サーベイ・フィードバックがなぜ未来の組織に必要なのか？
これからの職場の新常識「サーベイ・フィードバック」

- 最新テクノロジーを駆使してもチームの生産性が上がらないワケ
- 本書はサーベイ・フィードバックの「本邦初の入門書にして決定版」
- 地に足をつけて徹底的にかみ砕いた「現場目線の教科書」
- あらゆる「組織、職場、チームの悩み」に役立つ知見を凝縮した1冊
- 「勘と経験に基づくマネジメント」から本書を読んで脱却せよ！

第 1 章

なぜサーベイ・フィードバックが
必要なのか？

サーベイ・フィードバックとはいったい何なのか？ 026
調査・データを用いて行う「職場ぐるみの組織開発」

- サーベイ・フィードバックが現代の組織に必要な「2つの理由」

職場の多様化によって「チームがまとまらない」 031
職場の多様性とマネジャーはどう向き合うべきか？

- 日本型雇用の崩壊とその解決策
- 多様性は「遠心力」でもある!?

エンゲージメントを高めて離職を防止し、生産性を高める 037
従業員の「モチベーション」をいかに高めるか？

- サーベイ・フィードバックがエンゲージメントを高める理由

マネジャーを「素手」で戦わせるな！ 046
現場のマネジャーにしか、現場の変革はできない

- 迷った挙句、「素手で戦ってしまう」日本のマネジャーたち

テクノロジー至上主義に陥り、「人」を軽視していないか？ ···· 052
人間は決して「データだけ」では動かない

- 「スループット」を意識してメンバーにデータを「腹落ち」させる
- データは必要だが、データだけでは組織は変わらない

『カモメになったペンギン』が我々に教えてくれること ············· 058
組織の変革には徹底した準備が欠かせない

- 結局、データは必要だが、その「意味づけ」こそが真の問題

Column 1　データを使いこなす「前段階」でつまずいていませんか？ ··············· 064
日本の人事の知られざる「データへの疎さ」

第 2 章

サーベイ・フィードバックの理論

サーベイ・フィードバック基本の「3ステップ」 ················· 068
「見える化」「ガチ対話」「未来づくり」

- そもそも「データ」とは何か？
- それでも、なぜ「数値」が重宝されるのか？

データが行動を変えるメカニズム①「コレクション効果」 ······ 079
質問する内容自体が、メンバーへの働きかけになる

データが行動を変えるメカニズム②「フィードバック効果」 ···· 082
自然科学の世紀の発見が、人文科学にもやってきた

- 人と組織にも応用されはじめた「フィードバック」
- フィードバックされた情報が職場に変化をもたらす2つの理由

サーベイ・フィードバックの知られざる機能「外在化効果」 ···· 089
外在化されたデータが、メンバーの「言える化」を促す

- 「半身の当事者性」が対話を促す理由
- データがどれだけ正確でも対話が生まれないと意味がない

Column 2	なぜサーベイ・フィードバックは今になって脚光を浴びたのか？ …… 098
	サーベイ・フィードバックが注目されてこなかった3つの理由
Column 3	組織に「理想型」はあるか？ ……………………………………………… 105
	「完全無欠の組織」という幻想？
Column 4	ひとりぼっちの「孤独なデータ」は価値を生み出さない ……………… 107
	あなたの会社のデータは「おひとりさま化」していないか？

第3章

効果的なサーベイ・フィードバックの プロセス：前編
サーベイの実施と職場の見える化

サーベイ・FBの第1フェイズ：サーベイの実施と「見える化」‥110
氷山モデルで理解する「コンテントとプロセス」
■ 本当に大切なものは「どこにある」のか？

あなたの組織にフィットする「サーベイの選び方」……………… 114
サーベイの種類と特徴を把握しよう
現場マネジャー向けのポイント 自分でサーベイをつくることは可能か？

相手本位の立場で、データの質にこだわれ！ ……………………… 118
サーベイの質を左右する「7つの視点」

あなたはデータを取得する「目的」を伝えていますか？ ………… 122
サーベイを「突然の御触書」にしないための方法
■ あなたの指示は「突然の御触書」になってしまっていませんか？
現場マネジャー向けのポイント 目的をメンバーに「うまく伝える」秘訣とは？

データはタイムリーにフィードバックせよ！ ……………………… 126
フィードバックの原則は「なるべく早く」

現場マネジャー向けのポイント　サーベイやフィードバックをいつ実施すべき？

データの効果が半減する「サーベイ慣れ」に要注意！ ………… 128
長く効率的にサーベイを行うために

現場マネジャー向けのポイント　サーベイを「マンネリ化」させる発言とは？
現場マネジャー向けのポイント　サーベイに関する知識はメンバーも必要？

Column
5　組織変革はいかにして進行するのか？ …………………… 132
レヴィンとコッターのモデルの共通点

第4章

効果的なサーベイ・フィードバックの プロセス：後編
フィードバック・ミーティングの実施

サーベイ・FBの第2フェイズ：
フィードバック・ミーティングの実施 …………………… 136
「ガチ対話」「未来づくり」の実践的ポイント

ステップ1. 目的説明 ………………………………………… 139
関係者を一堂に集めて、目的を共有する

現場マネジャー向けのポイント　ミーティングはなるべく一度で終えるべき？

ステップ2. グラウンドルールの提示 ……………………… 145
本音で対話するためのルール設定

現場マネジャー向けのポイント　心理的安全にまつわる「大きな誤解」とは？

ステップ3. データの提示 ·············· 149
シンプルに、かつ焦点を絞って提示する

現場マネジャー向けのポイント　マネジャーはどれくらい「自己呈示」すべき?

ステップ4. データに対する解釈 ·············· 158
データを見て心に湧いた「感情」を共有する

現場マネジャー向けのポイント　険悪な雰囲気のミーティングはどうすべき?

現場マネジャー向けのポイント　「無難な意見ばかり」のとき、どうすべき?

ステップ5.「未来」に向けた話し合い ·············· 164
現在地を踏まえたうえで、「理想の未来」を話し合う

現場マネジャー向けのポイント　「民主主義的な決め方」って何?

ステップ6. アクションプランづくり ·············· 168
理想の未来に向けて「明日からできること」は何か?

現場マネジャー向けのポイント　アクションが足りないときはどうする?

サーベイ・フィードバックは「定期健康診断」である ·············· 174
「組織のメンテナンス」だと思って定期的に実施すべし

Column 6　コミュニケーションの可視化に役立つ「コンテナ」とは何か? ········· 177
対話と学びのある関係性に着目せよ

Column 7　サーベイ・フィードバックをする人の専門性とは? ·············· 181
「サーベイを適切に行える」だけでは不十分!

第5章
サーベイ・フィードバックの盲点

■ 間違ったサーベイ・フィードバックが現場に引き起こす「病」とは?

病その1. サーベイすれば現実は変わる病 ……………………… 185
データ万能主義に陥り思考停止する人たち

病その2. 項目が多すぎてわからない病 ………………………… 186
やたらめったらデータがあっても使えない

病その3. データがつながっていない病 ………………………… 187
組織のデータは「一元管理」しないと活かせない

病その4. サーベイに正解を求めてしまう病 ………………… 189
サーベイから「絶対の解決策」が得られることはない

病その5. サーベイ結果を放置してしまう病 ………………… 191
やりっぱなしのサーベイはかえって逆効果!

病その6. データをむやみにとりすぎ病 ……………………… 194
高頻度サーベイの知られざる弊害とは?

病その7. サーベイは1回やればOK病 ……………………… 196
「リバウンド」は組織でも起こりがち

病その8. 数字ばかり気にしすぎ病 …………………………… 198
数字は「組織のすべて」を反映してはいない

Column 8　サーベイ・フィードバックは「働き方改革」にも役立つ! ……… 201
横浜市教育委員会との共同調査から

Column 9　あなたの職場が変わるためのシンプルな法則とは? ……… 204
変化の方程式

第6章
サーベイ・フィードバックの企業実践事例

「見える化」「ガチ対話」「未来づくり」のリアルに迫る! ………… 206

ケース① メルカリ

サーベイの力で「未来永劫、サステナブルな組織」をつくる ………… 207
- ■ 組織が急拡大するなかで、いかにコンディションを保つか?
- ■ 機動的に行えるよう、サーベイを内製化
- ■ 実施は3か月に1回のハイペース
- ■ 課題を「見える化」し、具体的なアクションプランに落とし込む
- ■ 無意味な質問項目に気をつける
- ■ サステナブルに続く組織をつくりあげるには不可欠

事例解説 組織を「生き物」と捉える視点

ケース② パナソニック

「ガチ対話」を妨げる障害を取り除け! ………… 216
- ■ 年1回の意識調査が、組織の課題に取り組むきっかけに
- ■ オフサイトミーティングによって、マネジャー間の距離が縮まる
- ■ なぜ「自慢大会」が組織を変えるのか?
- ■ 「組織を動かせる」手応えを早めに感じてもらう
- ■ 組織開発を行う人こそが、「恐れ」を打破しよう

事例解説 「AorB」ではなく、「AandB」をめざす

ケース③ デンソー

組織変革の鍵は「社員の関係性の質」にあり! ………… 223
- ■ 重要なのは、「関係性の質」を上げること
- ■ NFTで、メンバーの関係性を上げる
- ■ 20分×3人で話すだけでも良い
- ■ 「塗り絵」をするだけで、互いのズレがわかる

■データを用いた組織開発に本腰を入れる

事例解説 | 関係の質を高めるアプローチが、現代の製造業を救う?

おわりに ………………………………………………………………………… 230

第 **1** 章

なぜ
サーベイ・フィードバックが
必要なのか？

サーベイ・フィードバックとは いったい何なのか？

調査・データを用いて行う「職場ぐるみの組織開発」

「サーベイ・フィードバック」とは、組織で行われたサーベイ（組織調査）を通じて得られた「データ」を、現場のメンバーに自分たちの姿を映し出す「鏡」のように返して（フィードバックして）、それによってチームでの対話を生み出し、自分たちのチームの未来を決めてもらう技術です。

「はじめに」で触れたように、近年、HRテック（Human Resource Technology：人事・組織課題の問題解決を行うテクノロジーのこと）やエンゲージメント・サーベイ（Engagement Survey：働きやすさや会社への貢献意欲など、従業員が会社に対して持っている感情を定期的に測定する組織調査）の流行などによって、多くの会社に導入されつつある手法です。

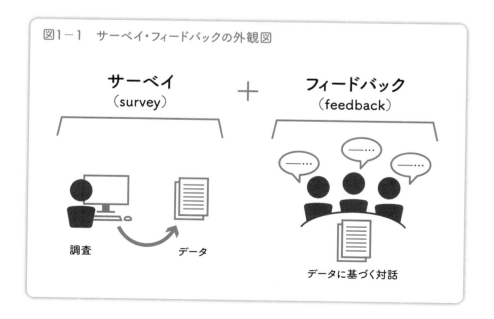

図1-1　サーベイ・フィードバックの外観図

サーベイ（survey）　＋　**フィードバック**（feedback）

調査　→　データ

データに基づく対話

しかし、**サーベイ・フィードバックの歴史は、決して新しいものではありません。その歴史は古く、1950年代にはすでに存在していた手法です。**サーベイ・フィードバックは、主に組織開発（組織をいかにWorkさせ、成果をあげるかを論じる学問領域）や人材開発（個人の能力をいかに高めて、成果をあげるかを論じる学問領域）という実践領域のなかで用いられ、多くの企業で長いあいだ、効果的な職場づくり、人づくりの手段として用いられてきました。

　サーベイ・フィードバックの詳細については、これからじっくり述べていきますが、ここでは、そのさわりだけ説明いたします。
　サーベイ・フィードバックでは、サーベイを通じて現場を変革するために、通常、次の3つのステップを踏みます[3]。

【第1フェイズ】サーベイの実施

　①**「見える化」**……サーベイを通して、普段は見つめていないチームや組織の課題を「可視化」する

【第2フェイズ】フィードバック・ミーティングの開催

　②**「ガチ対話」**……見える化した組織的課題に、チーム・関係者全員で向き合い、その問題の解決・解消をめざして話し合う

　③**「未来づくり」**……これから自分たちの組織・チームをどうしていくかの「未来」を、当事者たちが「自分ごと」として決め、アクションプランをつくる

　第1フェイズの「見える化」は、「サーベイ」そのものです。第2フェイズの「ガチ対話」と「未来づくり」は、合わせて別の言葉で「フィード

　3　実はこの3ステップは、サーベイ・フィードバックに限らず、あらゆる組織開発の基礎的なステップであると筆者が考えているものです。筆者が中村和彦先生と著した『組織開発の探究』では、組織開発の歴史をひもとき、組織開発が、このような3ステップから記述できることを論じました。
中原淳＋中村和彦（2018）『組織開発の探究——理論に学び、実践に活かす』ダイヤモンド社

バック・ミーティング」と呼ばれることもあります（図1－2）。

　フィードバックとは、ここでは「サーベイを通じて職場の現状をデータにまとめて、それを職場のメンバーに返すこと」をいいます。職場のメンバーにデータを返す際、通常それは、職場のメンバー全員で集まるミーティング形式で行われることが多いものです。よって後者2つのプロセスを、「フィードバック・ミーティング」と呼ぶようになりました。

図1－2　サーベイ・フィードバックの概念図

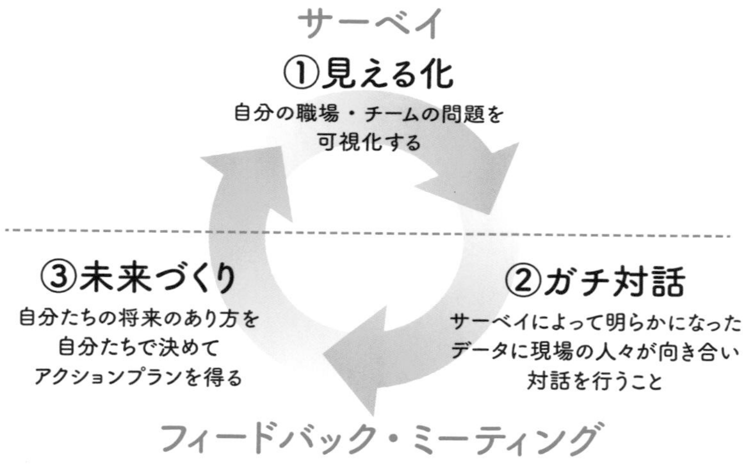

サーベイ

①見える化
自分の職場・チームの問題を
可視化する

③未来づくり
自分たちの将来のあり方を
自分たちで決めて
アクションプランを得る

②ガチ対話
サーベイによって明らかになった
データに現場の人々が向き合い
対話を行うこと

フィードバック・ミーティング

　最近、流行しているエンゲージメント・サーベイや、一部のHRテックが追求しているサーベイにおいては、サーベイ・フィードバックの3つのステップの部分のうち、**第1フェイズの「見える化」ばかりにスポットを当てられる傾向があります。**Webやスマホなどを用いて、いかに簡単にサーベイを行うか。得られたデータに対してAIなどを用いて、いかに高度な分析・モデリングを行うか。また、いかにスマートなインターフェースでデータをヴィジュアライズできるか、といった話題ばかりが人々の関心になっている現状に、筆者は「強い危機感」を抱いています。

筆者の抱く「危機感の根源」は何か？

それは、**サーベイ・フィードバックは、「見える化」だけではまったく効果があがらないということ**です。「見える化」は、組織づくりや人づくりの「はじまり」であって「終わり」ではありません。

むしろ、「見える化」のあとに、確かな「ガチ対話」を導き、「未来づくり」にもしっかりと焦点を当てなければ、サーベイを現場の変化につなげることはできないのです。すなわち、

見える化されたデータが、「現場」を変えるわけではありません。
「データ」に現場の人々が向き合い「対話」してこそ、現場が変わるのです。

したがって、筆者の目から見ると、サーベイ・フィードバックの3つのプロセスのうち「見える化」だけにスポットライトが当たることは、「現場を変えるのは誰なのか？」という根本的な問いへの無理解から生じることのように感じます。こうした無理解は「テクノロジー至上主義」に堕（だ）しやすいので注意が必要です。

サーベイ・フィードバックが現代の組織に必要な「2つの理由」

本章では、なぜ今サーベイ・フィードバックを学ぶ必要があるのか、その詳しい理由や背景について述べます。

サーベイ・フィードバックを学ぶ理由としては、もちろん最新テクノロジーを駆使したHRテック系のサービスが流行（はや）っているからということもありますが、それだけが注目される背景であると考えるのは、やや「浅薄な理解」といわざるをえません。

サーベイ・フィードバックが注目される社会背景には、現代社会におい

て会社・組織を取りまく状況が急速に変化・悪化していることがあげられます。「現代社会」や「社会背景」という言葉が出てきて、一瞬いぶかしく思われた方もいるかもしれません。しかし、一見、「遠回り」のように見えるこのような「背景」を押さえておくことが、のちのちサーベイ・フィードバックの本質を理解することに役立つと思います。

　筆者が思うに、現代の組織は、

１．多様化する職場メンバーをマネジメントしなければならないこと

２．慢性的な人手不足のなか、社員のエンゲージメントを高めて離職防止を図り、生産性を高めたい

という２つの要因から、サーベイ・フィードバックを求めているように思います。つまり、組織の状況やコンディションを常にサーベイによって把握して、これらに対する効果的な施策を打っていかなければならないのです。

　以下、第１章では、サーベイ・フィードバックへの期待が昨今高まっている理由について考察していきましょう。

職場の多様化によって 「チームがまとまらない」

サーベイ・フィードバックへの期待が高まっている背景として、まず挙げられるのは、「職場の多様性への対処」です。

ここで職場の多様性とは、**「職場を構成するメンバーの社会的背景・雇用形態が多様化しており、職場にチームとしてのまとまりをつくり、かつ、成果を出すことが難しくなっていること」**を意味します。

より具体的にいえば、「職場のメンバーが、性別も国籍も雇用形態も働き方も多種多様になったことで、彼らが互いに協力して、うまく仕事を行っていくことが難しくなっている」ということです。そのため、常に職場の状況やコンディションをマネジャーが把握して、効果的なマネジメント施策を打っていく必要があります。

誤解を恐れずいうならば、**「かつての職場」とは「村」のようなものでした**。現在よりも画一的な人員構成で、長期間・長時間、多くの人々が働いていました。

高度経済成長期の職場といえば、メンバーの大半は「日本人・正社員・男性」で占められていました。さらに、一部の例外をのぞいて、大部分の人がモーレツに長時間労働をしていて、お互いに長い時間を職場で過ごしていたのです。そうやって、長い時間、一緒に仕事をすることで互いのことを理解し合い、「村人」のような濃密な関係を築き上げていました。

もちろん、このような働き方のスタイルは、何もないところから生まれたわけではありません。いわゆる「日本型雇用」とよばれる、戦後確立された日本企業の独自の経営スタイル、雇用慣行が、その背後に存在していたことを忘れるわけにはいきません。

日本型雇用の崩壊とその解決策

　日本型雇用とは、終身雇用、年功序列、新卒一括採用に代表される、我が国独特のユニークな雇用形態のことです。その特徴を端的に述べるならば、「新卒一括採用」の採用慣行のもと、同じ時期にいっせいに新入社員が入社し、いったん「村」に入ると年功序列で少しずつ給与が上がり、定年を迎えるまで同じ「村」に所属し続ける点です。入社時に確保した「メンバーシップ」が生涯を通じて維持されるので「メンバーシップ型雇用」ともよばれます。

　長いあいだ日本の職場を支配し続けてきた日本型雇用——。
　ところが、近年、**このような日本型雇用の仕組みは、少しずつ「綻び」を見せています。**メンバーシップ型雇用は、いったん「メンバー」になってしまえば、長期間にわたって安心・安全に働けるというメリットもあるのですが、その一方で、「変化のスピードに弱い」というデメリットも持っています。市場や環境が変わったときには、人々が勇気をもって「自分自身」や「自分の職場」や「自分の事業」を変化させなければならないのですが、それには「面倒な再学習」や、「変わる痛み」をともなう「学習棄却（Unlearning：学びほぐし）」が付随するため、どうしても、人がなかなかそれを受け入れず、時間がかかってしまうのです。

　一般に、欧米企業は、市場が変化したときには、ただちに組織の「戦略」を変化させます。そして「戦略」の変化に応じて、「仕事（ジョブ）」にも変化が生じます。そのときには「生まれるジョブ」もありますが「消えゆくジョブ」もあります。
　欧米企業では、このような「戦略やジョブの転換」が生じたときに、それに応じて組織外部の労働市場から人が雇用されます。逆にいうと、企業の戦略が変わり、「仕事」がなくなってしまったときには、市場に人が放出されます。戦略の変化に応じて人を「出し入れ」することができる欧米

企業は、急速な変化に強いというメリットを持っています。

　しかし、ひるがえって日本型雇用はどうでしょうか？
　日本型雇用は「メンバーシップ型」の雇用です。いったん雇用されてしまえば、戦略が変化しても、市場が変化しても、その組織の構成員を入れ替えすることはできません。ということは、まずは、日本企業の場合は、従業員の「学習能力」「再学習能力」「学習棄却能力」に賭けて、その変化を内部の構成員でなし遂げるほかはありません。すなわち、市場が変化し、戦略が変化すれば、それに応じて、内部の構成員に「学び直して、変わってもらう」のです。
　こうした雇用制度は、デメリットもありますが、雇用が安定化し失業率が低下するなどのメリットもあり、日本が守るべきものだと思います。しかし、一方で、そのことに「限界」も生じてきています。

　今、日本企業はメンバーシップ型の雇用を見直し、いわゆる「ジョブ型雇用」を少しずつ取り入れた新たな雇用慣行を探求しています。実際、すでに中途採用市場は「職務経験」が重視される「ジョブ型」の雇用です。少しずつですが、かつてはタブーとされてきた「転職」が常態化し、中途採用も増えてきています。
　筆者は、おそらく20年も経たないうちに、**日本の労働市場から「中途採用者」という言葉が消えると思っています。**いわゆる「中途」というのは「新卒一括採用」に対応する言葉です。中途採用という言葉が消え、単に仕事に紐付いて人が採用されるだけになるのではないでしょうか。

　近年では、日本型雇用の転換点について、経団連の中西宏明会長やトヨタ自動車の豊田章男社長も同様の発言をしています。2019年5月、中西宏明会長は終身雇用制度について、「制度疲労を起こしている。終身雇用を前提にすることが限界になっている」という趣旨の発言を行いました。同時期に、豊田章男社長は、「雇用を続ける企業などへのインセンティブがもう少し出てこないと、なかなか終身雇用を守っていくのは難しい局面

に入ってきた」と発言し、物議をまきおこしました。

　日本の経済界のトップ2名が、同時期に、日本型雇用について見直しや疑義を表明することは、極めて珍しいことです。それがどうなるかはまだ誰にもわかりませんが、1つだけ言えることは、「終身雇用を前提とした雇用制度を維持できると、自信をもって表明できる企業はもはやほとんどない」ということです。

　筆者は、**日本型雇用はただちに瓦解することはないまでも、20年程度の時間をかけて、メンバーシップ型雇用とジョブ型雇用をハイブリッドさせたような雇用制度が生まれうると考えています**。たとえば、マネジャーの昇格を早めて、入社後10年間はメンバーシップ型雇用を維持するけれども、30代中盤のマネジャー昇格以降はジョブ型雇用に転換する。逆に、メンバーシップ型の雇用のままでいる人は、賃金の伸びを低く抑える、といった制度です。

　こうなると、企業は、定年までの生活を保障してくれなくなり、それと同時に、働く側も同じ会社に一生尽くすのではなく、「転職」という選択肢を考えるようになるでしょう。

　また、グローバル化が進んだ今、「日本人・正社員・男性」のような均質性の高いチームでは、多様な価値観を持った顧客のニーズに対応できません。たとえば、日本の業種のうち、サービス業はいまやGDPの7割ほどを占めていますが、サービス業の主な購買層は女性です。女性にさらに活躍してもらい、女性をターゲットにした商品企画、事業開発を行ってもらう必要があります。

　それにそもそも、日本社会は、世界でも類をみない猛烈な「人手不足問題」を抱えています。端的にいうのならば、「村」に人が足りなくなっているのです。これまでのように、日本企業が、「日本人・正社員・男性」だけから、優秀な労働力を安定的に確保することは難しくなってきています。

パーソル総合研究所と中央大学が2018年にまとめた推計によると、2030年の人手不足の推計値は644万人といいます。2020年の人手不足の推計値が384万人であることを考えると、10年後には今より約260万人も人手不足が進行することになります。これに対して、働く女性を102万人、シニアを163万人、外国人を81万人増やすなどして、職場を維持していく必要があるのです[4]。

多様性は「遠心力」でもある!?

　以上のような理由から、近年では、多くの企業が伝統的な日本型雇用から脱却し、組織のなかで多様なメンバーが働くようになりました。まず、正社員は、日本人男性だけではなくなりました。女性の正社員も増えましたし、製造業やITの開発現場などでは外国人と一緒に働くことも今や珍しくありません。

　雇用形態も様々で、正社員だけに限定されることなく、派遣や非正規雇用なども広まってきました。年齢も非常に多様で、かつては年功序列だったので、職場のトップは最年長者がつくことがほとんどでしたが、最近は年上の部下や年下の上司も当たり前になっています。

　このような多様化した職場には、均質性の高い職場と比べてメリットが多いのですが、デメリットもあります。それは、**職場のメンバーの価値観が一様ではなくなり、まとまるのが難しくなってしまったことです。**その様子は、いわば「遠心力」にたとえることができます。価値観の異なるメンバーが向かう方向はそれぞれバラバラで、放置すれば組織や職場そのものもバラバラになってしまいます。

　たとえ多様な価値観を持ったメンバーだとしても、一緒に長い時間を過ごして、人間的なかかわりを増やしていけば、プライベートな部分を含め

4　パーソル総合研究所・中央大学「労働市場の未来推計2030」
https://rc.persol-group.co.jp/news/201810230001.html

た価値観を共有できるようになり、スムーズに仕事ができるようになるか
もしれません。しかし、今や長時間労働はご法度ですし、「ノミュニケー
ション」も死語になりつつあります。

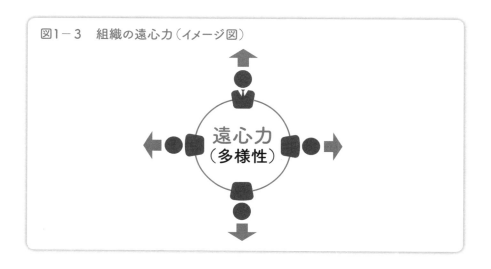

図1-3　組織の遠心力（イメージ図）

遠心力
（多様性）

要するに、「日本人・正社員・男性」しかおらず、メンバーシップ型雇
用で非常に安定していた時代と同じやり方では、組織がまとまらなくなっ
ているわけです。そこで、サーベイ・フィードバックや組織開発が再び注
目を浴びてきている、というわけです。

遠心力がバリバリに働いてしまう組織において、常にその組織の多様性
に配慮し、組織のコンディションを把握し、適切にメンバーにかかわり、
ケアしていく必要があります。「組織の見える化」は、そうした「職場の
多様性の高まり」と同時にニーズを増しています。

エンゲージメントを高めて
離職を防止し、生産性を高める

　サーベイ・フィードバックが注目される2つ目の背景は、「従業員のエンゲージメントを高めて、離職を防止し、生産性を高めたい」という経営ニーズの高まりです。そこで、従業員調査を定期的に実施して、従業員のエンゲージメントなどを管理・改善する試みが実施されはじめています。

　エンゲージメントとは、様々な定義や解釈がありますが、一言でいえば、「従業員が、どの程度、仕事に熱心に関与しているか・取り組めているか」ということです[5]。

　一般社団法人 日本経済団体連合会（経団連）が、企業の労務担当役員等を対象に行った調査の結果が2020年に発表されました。これによると、回答者（回答企業）の78.5%が従業員のエンゲージメントについて把握しており、そのうち54.2%は、調査結果に対して何らかの対応を行っていると回答しています（図1-4）。

　対応策としては「職場のコミュニケーションの活性化・円滑化」をめざすのが一番多く（54.8%）、それに続いて「経営理念や事業目的と社員の働く意義とのマッチング」（46.8%）、「社員1人ひとりが尊重される企業・職場風土の形成」（44.3%）となっており、仕事の意義の再確認や職場の問題解決に用いられている、ということです。

　つまり、いま日本企業ではこれほど多くの企業がエンゲージメントの把握およびその対応を行っているわけです。しかし、一般に、日本ではこのエンゲージメントの数値が、他国と比べても極端に低いことで知られています。米ギャラップ社が、世界各国の企業を対象に実施した従業員のエン

5　Buckingham, M. and Goodall, A.(2019) The Power of Hidden Teams. Harvard Business Review.

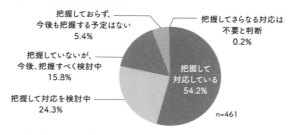

図1-4　日本企業における従業員エンゲージメントの把握状況と対応内容

● エンゲージメントの把握状況と対応

- 把握しておらず、今後も把握する予定はない 5.4%
- 把握してさらなる対応は不要と判断 0.2%
- 把握していないが、今後、把握すべく検討中 15.8%
- 把握して対応を検討中 24.3%
- 把握して対応している 54.2%

n=461

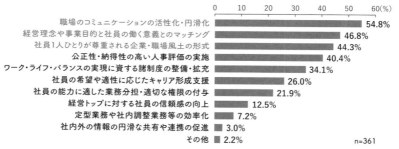

● 社員のエンゲージメントを高める対応として特に重視している項目（3つまで）

項目	%
職場のコミュニケーションの活性化・円滑化	54.8%
経営理念や事業目的と社員の働く意義とのマッチング	46.8%
社員1人ひとりが尊重される企業・職場風土の形式	44.3%
公正性・納得性の高い人事評価の実施	40.4%
ワーク・ライフ・バランスの実現に資する諸制度の整備・拡充	34.1%
社員の希望や適性に応じたキャリア形成支援	26.0%
社員の能力に適した業務分担・適切な権限の付与	21.9%
経営トップに対する社員の信頼感の向上	12.5%
定型業務や社内調整業務等の効率化	7.2%
社内外の情報の円滑な共有や連携の促進	3.0%
その他	2.2%

n=361

出所：一般社団法人 日本経済団体連合会「2019 年人事・労務に関するトップ・マネジメント調査結果」2020年1月21日

ゲージメント調査によれば、「熱意あふれる社員」の割合が、米国の32%に対して、日本では6％しかありませんでした。これは、調査した139カ国中132位と、最下位クラスです。また、同調査によれば、日本の「周囲に不満をまき散らしている無気力な社員」の割合は24％で、「やる気のない社員」の割合は70％に達しています[6]。

さらに、日本社員のエンゲージメントの低さは、他の文献でも示されています。『エンゲージメント経営』（柴田彰著、日本能率協会マネジメントセンター、2018 年）によれば、「継続勤務意向が 2 年未満の 20 代社員の比率」は、アメリカ 26％、中国 25％、世界平均 27％のところ、日本は30％でした（図1－5）[7]。

6　「熱意ある社員」6% のみ　日本 132 位、米ギャラップ調査　日本経済新聞　2017 年 5 月 26 日
https://www.nikkei.com/article/DGXLZO16873820W7A520C1TJ1000/
7　柴田彰（2018）『エンゲージメント経営』日本能率協会マネジメントセンター

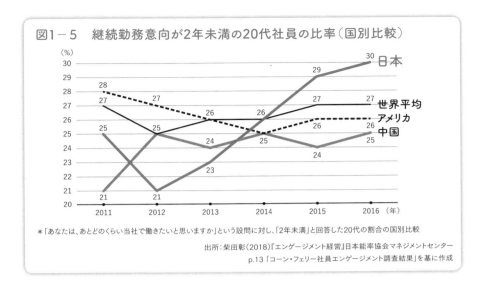

図1−5　継続勤務意向が2年未満の20代社員の比率（国別比較）

＊「あなたは、あとどのくらい当社で働きたいと思いますか」という設問に対し、「2年未満」と回答した20代の割合の国別比較

出所：柴田彰（2018）『エンゲージメント経営』日本能率協会マネジメントセンター
p.13「コーン・フェリー社員エンゲージメント調査結果」を基に作成

　また「熱意を持って自発的に会社に貢献しようとしている社員」の比率
も、2012年の33％が2017年には27％と、右肩下がりです（図1−6）。

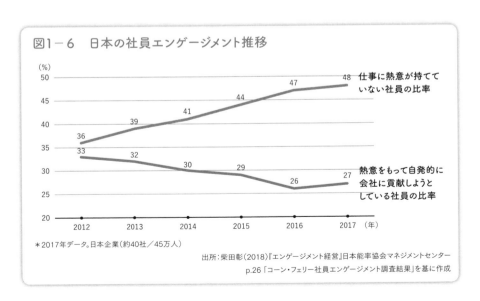

図1−6　日本の社員エンゲージメント推移

＊2017年データ。日本企業（約40社／45万人）

出所：柴田彰（2018）『エンゲージメント経営』日本能率協会マネジメントセンター
p.26「コーン・フェリー社員エンゲージメント調査結果」を基に作成

サーベイ・フィードバックが
エンゲージメントを高める理由

　離職防止という観点からいえば、今、日本は深刻な人手不足の只中にあります。そんななかで企業ができることは、「入口を増やすこと」「プロセスを効率化すること」「出口を減らすこと」の３つしかありません。

「入口を増やす」とは、採用効率を高めて、従業員を大量に採用していくことです。採用手法を見直す、多様化するなどの手段をもって、様々なチャネルから人手を確保しようとするのが、このアプローチです。
　しかし、この方法は、未曾有の人手不足社会においては、実際それほどうまくいきません。採用単価が高まっていること、売り手市場でもあることから、採用数が思ったよりも伸びないのです。
　２つめの「プロセスを効率化すること」とは、AI や RPA（Robotic Process Automation：ホワイトカラーの仕事のロボット化）などによって、仕事のプロセスを機械化していくことです。これまで人手をかけて行っていた単純作業や定型業務をロボットや機械にまかせてしまうことで、内部に余剰労働力を生み出し、本当に人手が必要な業務に振り分けることができます。
　今、多くの企業がこれに取り組み、成果をあげている組織も多々あります。一方で、導入に際して思った以上にコストがかかることや、削減できる仕事の割合にも限界があることが知られています。

　最後の手段は「出口を減らすこと」です。「出口を減らす」とは、「今いる従業員の離職をできるだけ抑えて、経験やスキルをつんだ人々に、なるべく長く働いてもらうこと」です。このことを、「リテンション・マネジメント（Retention Management）」といったりすることもあります。リテンションとは「従業員の雇用を継続すること・引き留めのこと」をいいます。よって、リテンション・マネジメントとは、従業員の雇用を継続させ、

離職を防止するために行うマネジメント施策です。

　そして、**このリテンション・マネジメントにおいて用いられる有力な手段の１つが、「エンゲージメント・サーベイ」なのです。**具体的にいえば、社員の「エンゲージメント」に関するデータを定期的に測定し、管理し、必要に応じて様々な改善策を講じる試みが行われています。エンゲージメントが向上しているかどうかを逐一チェックしていくことで、効果的なリテンション・マネジメントを行おうというわけです。

　というのも、**離職の要因の１つにあるのが、「従業員のエンゲージメントの多寡」なのです。**図１−７は、2019年に厚生労働省から公表された「令和元年版　労働経済の分析」ですが、こちらには、働きがいと離職、働きがいと生産性などの関係を示した分析が紹介されています[8]。

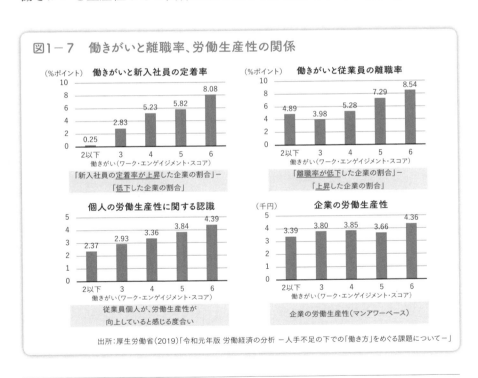

図１−７　働きがいと離職率、労働生産性の関係

出所:厚生労働省(2019)「令和元年版 労働経済の分析 −人手不足の下での「働き方」をめぐる課題について−」

8　厚生労働省（2019）「令和元年版　労働経済の分析 —人手不足の下での「働き方」をめぐる課題について—」
https://www.mhlw.go.jp/wp/hakusyo/roudou/19/19-2.html

一覧しておわかりのように、ワーク・エンゲージメント・スコアが高い企業であればあるほど、新入社員の定着率が高いこと、離職率がよい成績を残していること、個人の労働生産性が高いことがわかります。

　また次の図１－８を見ても、ワーク・エンゲージメントを高める雇用管理の要因としてトップになっているのが、「職場の人間関係やコミュニケーションの円滑化」です。他の調査でも、このことはすでに例証されており、「自分がチームの一員として仕事をしている」と実感している人は高いエンゲージメントをもつことがよく知られています[9]。
「職場の人間関係やコミュニケーションの円滑化」はサーベイ・フィードバックによって「のみ」高まるものではありませんが、それらを通じて職場のコミュニケーションのあり方や頻度を見直すことが十分期待できる要因でもあります。

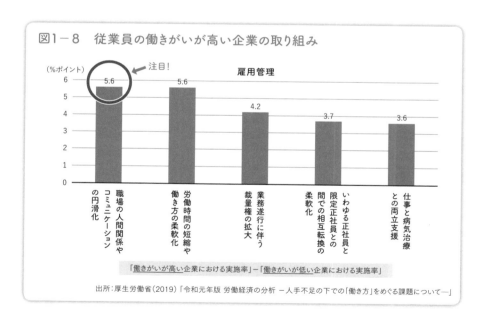

図１－８　従業員の働きがいが高い企業の取り組み

出所：厚生労働省（2019）「令和元年版 労働経済の分析 －人手不足の下での「働き方」をめぐる課題について－」

9　Buckingham, M. and Goodall, A.(2019) The Power of Hidden Teams. Harvard Business Review.

図1－7、図1－8の分析に関連することは、私がパーソル総合研究所と共同開発した組織開発ツール OD-ATLAS（オーディ・アトラス：職場の見える化による組織開発ツール）の開発プロジェクトの共同研究の結果でも明らかになっています。

　その結果は図1－9に示した通りです。働きがいやエンゲージメントなどが低い「低スコア職場」と、それらが高い「高スコア職場」を比較すると、「この会社にずっと勤めていたいと思うかどうか」に明確な差がありました[10]。低スコア職場では、「この会社にずっと勤めていたいと思う」と回答したのは、全従業員のうち6.4％しかいないのにもかかわらず、高スコア職場では80.4％の社員が肯定的な回答をしています。
　また、「低スコア職場」と「高スコア職場」では、直近1年間の会社の営業利益にも明確な差がありました。

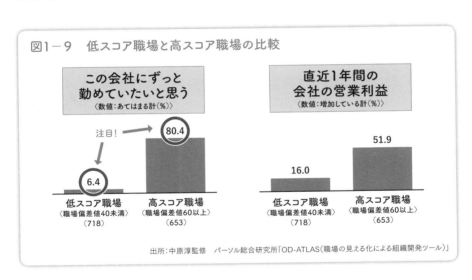

図1－9　低スコア職場と高スコア職場の比較

出所：中原淳監修　パーソル総合研究所「OD-ATLAS（職場の見える化による組織開発ツール）」

10　中原淳監修　パーソル総合研究所「OD-ATLAS（職場の見える化による組織開発ツール）」
https://rc.persol-group.co.jp/learning/od-atlas/

このように**エンゲージメントを定期的に計測していき、現場にその結果をフィードバックしていくことで、離職防止を行い、生産性を高めることが期待できます。**

　実際、このような効果を期待して、組織内の調査を行う企業は年々増え続けています。2018年、労務行政研究所が、上場企業またはそれに類する企業440社を対象に行った「人事労務諸制度実施状況調査」では、従業員満足度調査等の実施率が、2004年の14.2%から、2018年には30.9%に倍増しています（図1－10）[11]。

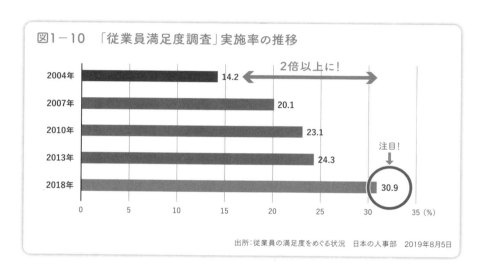

図1－10　「従業員満足度調査」実施率の推移

2倍以上に！

2004年	14.2
2007年	20.1
2010年	23.1
2013年	24.3
2018年	30.9

注目！

出所：従業員の満足度をめぐる状況　日本の人事部　2019年8月5日

　また、サーベイは、昨今何かと話題になっている「ハラスメントのトラブル」を未然に検知し、対策を行うための「職場の見える化」の手段にも用いられています。ハラスメント事案が生まれる職場には、ただちにサーベイや職場のデータに「異常値」が検出される傾向があります。このような数値の変化をトレースしていきながら、ハラスメントが起こる職場の労働環境を改善しようという動きが生まれています。

　一般に、コーポレート部門、ないしは、人事や経営企画の立場からすれ

11　従業員の満足度をめぐる状況　日本の人事部　2019年8月5日
https://jinjibu.jp/article/detl/rosei/2139/

ば、事業部の「職場」とは「ブラックボックス」だと思います。そこは、普段は、外部からは見えにくい構造をもっています。職場の内部で、様々な深刻なトラブルが起こっていても、それを検知し、さらに大きなトラブルに発展することを避けるすべは、なかなかありません。この意味でも、サーベイ・フィードバックが可能にする「職場の見える化」は、非常に有力な判断資源となりえます。

　我が国では、2019年には、「女性活躍・ハラスメント規制法」が国会で成立し、事業主にパワハラやセクハラを防止する対策を講じることが義務付けられました。大企業は2020年から義務化される見込みです。

　すると、パワハラがこれまで以上に「許されない」行為になります。仮にパワハラで相談が急増するようなことがあれば、人気企業であっても、あっという間に人が採用できなくなるでしょう。そのため、企業側でもパワハラを顕在化する仕組みの必要性が格段に高まってきました。「知らぬ、存ぜぬ」の態度のままでは、これからの企業が生き抜くことはできないでしょう。

　もっとも大切なことは、仕事がどんなに忙しいなかでも、複雑化する組織を客観的な視点から「定点観測」し、何か問題が起きた場合に、すぐに手を打てるようにしておくことです。職場やチームに手をいれ、変化をもたらす機を逸しないことの必要性が高まっているのも、サーベイ・フィードバックが注目されている理由の1つかと思います。

マネジャーを「素手」で戦わせるな!

現場のマネジャーにしか、現場の変革はできない

「職場の多様性が高まっているので、チームがまとまらない」
「従業員のエンゲージメントを高めて、なんとか離職を防止し、生産性を高めたい」

　本章では、これらの「難問（アポリア）」について、その詳細を見てきました。では、こうした問題への対処は、いったい誰が、どこで行うのでしょうか？　もちろん、経営層や人事部が、それらのアポリアを外部からスマートに解決できればよいのでしょうが、実際の会社ではそうはいきません。

　これらの問題は、事業を率いる最前線である「現場」で解決されなければなりません。**現場において、その解決を担うのは、「管理職・リーダー・マネジャー」の方々です。**

　現場にいない人々に、現場を変革することはできません。
　現場を変革することができる人は、いつだって、現場の人々です。

　人事や経営企画は、それをサポートすることはできても、彼らのかわりに現場の人々をマネージすることはできません。
　畢竟、これらの諸問題への対処は、管理職やマネジャーが当たることになります。

　しかし、これらの問題は、難問中の難問です。端的にいえば、「多様化した人々を前に組織をまとめつつ、そこで働くメンバーの働きがいを高めて、成果を出し続ける」ということになります。わずか3行ほどのセンテ

ンスですが、あまりにも難しいことです。これ以上に「言うは易く行うは難し」の極地はないと思います。

迷った挙句、「素手で戦ってしまう」日本のマネジャーたち

　ここで人事や経営企画が陥りがちな「罠」とは、彼らに、この難問の責任を押しつけ、彼らを「素手で戦わせてしまうこと」です。心ない人事や経営企画が陥る罠とは、口だけで、管理職やマネジャーにこう言い放ってしまうことです。

　「あなたはマネジャー（manager）なんですよね。ならば、現場をやりくりして、なんとかするのが（to manage it）あなたの仕事でしょうが」

　かくして、管理者やマネジャーは、何のツールも武器も渡されないまま、現場に向かわされます。人事や経営企画は、彼らを「現場の変革の主体」として位置づけ、彼らの自発的な働きに期待するだけです。
　もちろん、現場には優秀な管理者やマネジャー、リーダーがいるかもしれません。彼らが孤軍奮闘して成果をあげることもありえるかもしれません。しかし、私は、現在の状況では、長期間にわたって安定的に管理者やマネジャーやリーダーが成果をあげられることは少ないのではないかと思います。彼らには「武器」が必要です。

　一般に、職場で働く人々は、変化を拒絶する様々な「とらわれ」のなかにあります。その代表的なものの１つは「職場の同調圧力」、もう１つは「現状維持バイアス」です。
　まず「職場の同調圧力」ですが、同じ職場に長くつとめている人々は、心の底で働くことや人間関係に対して言いたいことをもっていても、それを「スピークアップ（Speak up：言挙げ）」することは難しいものです。

職場には高い同調圧力が働いているので、誰かがその緊張を破りそれまでの職場の秩序を壊すことを、メンバー同士で相互監視している傾向があります。

　組織をケアし、そのあり様をマネジメントするためには、職場メンバーが普段何を感じ、何を考えているのかを知る必要がありますが、それが表だって表明されることは極めてまれです。みな不平不満をどこかに持ちながら、日々悶々（もんもん）として仕事をしています。組織のケアやマネジメントを行っていくためには、そうした職場の「声なき声」を可視化・表出していく必要があります。

　もう１つは「現状維持バイアス」です。

　一般に、同じ職場で長く仕事をしているメンバーは「現状維持バイアス」といったものにとらわれている傾向があります。ここで現状維持バイアスとは、「何かを変化させることによって得られるメリット」よりも、「現状を維持することによるメリット」を高く見積もってしまうバイアスです。マネジャーならいざしらず、メンバークラスであれば、俯瞰（ふかん）的な視野をもつことはまれです。かくして、多くのメンバーは、まず、この現状維持バイアスにとらわれ、変化を拒絶するものです。

　現状維持バイアスにとらわれた人は、どんなに危機が迫ろうとも、組織のなかに不都合や非合理が起ころうとも、変わろうとはしません。マネジャーが声かけをしようが、叱咤激励（しった）をしようが、ちょっとやそっとのことでは変わりません。

　また、こうしたバイアスの他に、人が数多く集まる職場というものは、もともとマネジメントが難しい「生き物」のようなものなのです。

　一般に、集団の世界には、人が集まることで、様々な集団心理が働きます。たとえば、**集団の人数が増えれば増えるほど、集団のなかに「フリーライダー」が生まれ、社会的手抜きなども発生します。**

　図１－11は「リンゲルマン効果」として知られている効果です。この表にあるように、集団の人数が増えれば増えるほど、メンバー１人あた

りが供出する努力量は減っていく傾向があります。つまり、お互いがお互いに依存しあい、よりかかり、本来出さなければならない生産性をあげられない状況が生まれます。ある程度の組織サイズの会社で生産性をあげていくためには、時折こうした仕事のあり方を皆で見直さなければなりません。この知見を鑑みてみれば、大企業というのは「社会的手抜きの巣」でもあります。職場は「生き物」です。常に目をかけてあげなければ、高い成果を出し続けることは難しいものです。

図1-11　リンゲルマン効果（社会的手抜き）

集団の人数	1人あたりが供出する努力量	合計
1	1.00	1.00
2	0.93	1.86
3	0.85	2.55
4	0.77	3.08
5	0.70	3.50
6	0.63	3.78
7	0.56	3.92
8	0.49	3.92

出所：Kravitz, D. A. and Martin. B.(1986) Ringelmann Rediscovered : The Original Article. Journal of Personality and Social Psychology, 50(5), 936-941　論文内のグラフを基に作成

　また、過去の経営学研究の知見を持ち出すまでもなく、集団は「時間」によっても影響を受けることがよく知られています。次ページの図1-12は、できあがった集団の生産性やコミュニケーション量が、チームが生まれてから、どのように変化していくかを時系列で示した古典的研究です。

　このグラフを見ればわかるように、**チームのパフォーマンス、および組織内のコミュニケーション量などは、できた当初は上がっていくものの、あるピークを境に、時間がたてばたつほど下がっていくことがわかります。**

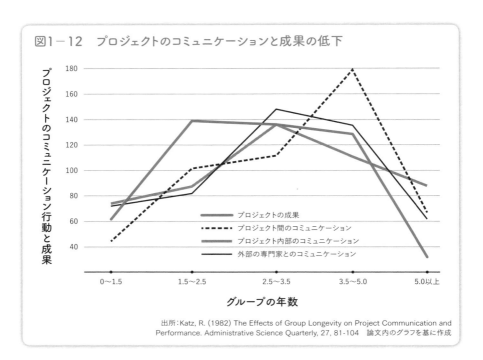

図1-12　プロジェクトのコミュニケーションと成果の低下

プロジェクトのコミュニケーション行動と成果

グループの年数

0〜1.5　　1.5〜2.5　　2.5〜3.5　　3.5〜5.0　　5.0以上

─── プロジェクトの成果
・・・・ プロジェクト間のコミュニケーション
─── プロジェクト内部のコミュニケーション
─── 外部の専門家とのコミュニケーション

出所：Katz, R. (1982) The Effects of Group Longevity on Project Communication and Performance. Administrative Science Quarterly, 27, 81-104　論文内のグラフを基に作成

くどいようですが、組織は「生き物」です。

そして、組織は「油断禁物の生き物」でもあります。

　時間がたてば「組織は気枯れていき」ますし、職場のコミュニケーションにも陰りが生まれます。そのようななか、社会的手抜きが発生し、本来なら発揮するべき生産性が落ちていくことがよく知られています。組織は、時折「メンテナンス」や「ケア」を行うことが必要なのです。

　一般に、集団になるがゆえに、チーム内の生産性にロスが生まれることを「プロセスロス（Process loss）」といいます。逆に、チーム内の生産性に「プラスの効果」が生まれることを「プロセスゲイン（Process gain）」といったりします。

　今、職場やチームを率いる人は、人が集まれば、ともすれば生産性が落ちるため、業績・成果につながらなくなる可能性を予見し、定期的に組織

をケアしながら、組織の状況を見える化する必要があります。「プロセスロス」を避け、「プロセスゲイン」が生まれるようにしなくてはなりません。**組織のコンディションを見える化するための手段が、どうしても必要なのです。**

　このように様々な職場内の権力やバイアスにとらわれている職場メンバーをマネジメントしていったり、いわば「生き物」のように常に動きつつ、時には活力を失っていく職場をケアするためには、現場のフロントラインを走る管理者やマネジャーに、それらに対応する「武器」を渡してあげる必要があります。そこで近年、この「武器」＝「メンバーを腹落ちさせるための理由や根拠」として注目されているのが、サーベイやデータといったツールです。

　サーベイを行い、データを集めて、職場を客観的な基準によって「見える化」することで、職場に澱のようにたまった「声なき声」を可視化しよう。また場合によっては、変化することの必要性をメンバーにわかりやすく示して、腹落ちしてもらおう、というわけです。
　マネジメントの鉄則とは**「見える化できないものは、マネージできない」**です[12]。かくして、自分たちの職場の状況を自動的に「見える化」できるような仕組みとしてのサーベイやデータに注目が集まっているのです。

12　測定を過剰に行うことによって、様々な悪影響をもたらすことの弊害は、下記の書籍に詳しいです。測定によって「見える化」されたデータが、ただちに「意味あるもの」かどうかは別の話です。大切なことは、見える化されたデータが、本当に自分たちにとって「意味がある」ものなのか。それは自分たちがコストを払ってでも、職場や環境を変えるに値するものであるかどうか。それを決めるのは、現場の人々です。
ジェリー・Z・ミュラー（著）松本裕（訳）（2019）『測りすぎ——なぜパフォーマンス評価は失敗するのか』みすず書房

テクノロジー至上主義に陥り、「人」を軽視していないか？

人間は決して「データだけ」では動かない

さて、ここまでサーベイやデータが職場や組織を変えていくための手段になりえることを話してきました。しかし、ここにもまた「罠」があります。サーベイを用いて職場を客観的なデータやエビデンスで示しさえすれば、勝手にメンバーが「腹落ち」して目を輝かすのかというと、まったくそういうわけではないのです。極端な話をすれば、

データだけでは、人は動きません。
データは組織を変えません。

ここ数年、人事・人材開発の世界、特に HR テック業界における組織開発の関連領域で、組織の状況をデータで「見える化」して、それを組織へのフィードバックに役立てる、という試みが見られます。

しかし、私はここに「安易な思考法」があると感じています。それは、

新しいテクノロジーが（インプット：input）
ただちに、人・組織・職場を変える（アウトプット：output）

という具合に、インプットされた「新しいテクノロジー」が、ただちに「人・組織・職場を変える（アウトプットを生み出す）」というふうに安易に結びつけられることです。このような考え方を、ここでは「テクノロジー決定論」と呼びましょう。

今、仮に職場メンバーのエンゲージメントや職務満足を「見える化」して、自動的にフィードバックしてくれる HR テックのシステムがあるとし

ます。もちろん、フィードバックされたデータは、たしかに「人・組織・職場の変化」を導くリソース（知的資源）の１つです。

しかし、そうした「データ」が、直接、「人・組織・職場を変える」わけではありません。**そのデータが現場の人に「解釈（interpretation）」されて、「それは大事だね」「それは自分ごとだね」と意味づけられて、「まだ、何かやれそうだね」と考えられてこそ、彼らが立ちあがり「人・組織・職場を変えていく」のです。**

「スループット」を意識して メンバーにデータを「腹落ち」させる

そもそも、**データとは、「再解釈が可能な情報の表現のこと」をいいま**す[13]。データそのものが、それを読むものに「何をすべきか」を指示してくれるわけではないのです。解釈を行うのは、あくまで人間。変革を志すのも人間であるということです。

だから、テクノロジー決定論は、「１つ重要なもの」を常に見落とします。それはインプットとアウトプットのあいだにある「スループット：throughput」の存在です。本来ならば、インプットとアウトプットのあいだには、このスループットがあるのです。

聞きなれない言葉かもしれませんが、スループットとはIT用語でいうところの「処理能力」のことです。インプットは、ただちにアウトプットへと変わるわけではなく、スループットという段階を通じて、アウトプットへと変わるのです。

ここでいうスループットは、「人々の解釈・意味づけ・それに基づく行動」といったような「職場内の人々の能動的行為」を指します。が、テク

13　ISOの定義によると、データとは「re-interpretable representation of information in a formalized manner suitable for communication, interpretation or processing」とあります。データが「人間による解釈に開かれている情報の表象である」というところがポイントであろうと思います。
ISO(2004) ISO/IEC 11179-4. https://www.iso.org/obp/ui/#iso:std:iso-iec:11179:-4:ed-2:v1:en

ノロジー決定論はみごとに、綺麗さっぱり、このスループットを見落とします。

　本来であれば、

新しいテクノロジーが（インプット）
現場の人々に解釈されて、意味づけられて（スループット）
人・組織・職場を変える（アウトプット）

これが正しい組織の変わり方であるはずです。

　しかし、テクノロジー決定論は、「人」を甘く見積もり、「何らかのデータをフィードバックすれば、人が変わり、職場も組織も変わる」と、考えています。それはあたかも、人間をただ単に情報を受容するだけの「容器」とみなしているようにも思えます。

　もし、人がフィードバックされたデータを、ただちに我がごとのように受容でき、行動・行為を変化させうる存在だとしたら、毎年、健康診断や人間ドックで、なぜ多くの人が、お医者さんに「中性脂肪　200mg/dL 超えだね」と指摘されても、なに1つ「生活」を見直さないのでしょうか？

　それは、どんな数字を客観的に示されようとも、「いかようにも」その数字が解釈され、意味づけられうるからだと思います。**多くの人は、どんな数字を見せられても、それを自分に都合良く意味づけ、「行為を変えないこと」を主体的かつ能動的に「選択」しているのです。**

　個人であっても、こうなのです。もし仮に、これが「集団」にフィードバックされていたデータだとしたら、変わるのはこれ以上に難しいのではないでしょうか。どんなにシビアな数字を集団に提示しても、彼らがそれを自分たちの問題として引き受けない限り、集団や組織に変化はないのです。このように、テクノロジー決定論は、「意味を産出する人間の存在」を考慮していないのです。

したがって、図1−13に見るように、データは、人々に「対話」され、彼らが自分たちなりに、それらを意味づけ、納得感を得たときのみ、現場の変革につながります。

　別の言葉で申し上げるならば、「見える化されたデータや数字が、**自分たちにとってどういう意味があり、それを通じて、自分たちの職場が変わらなくてはならないと判断されないかぎり、組織は変わらない**」のです。このことは、まったく基本的なことですが、ついつい見落とされがちです。

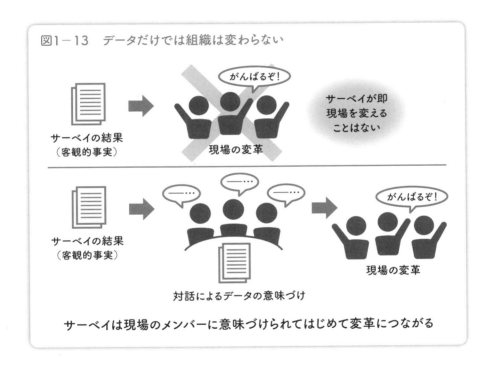

図1−13　データだけでは組織は変わらない

がんばるぞ！

サーベイの結果
（客観的事実）

現場の変革

サーベイが即
現場を変える
ことはない

サーベイの結果
（客観的事実）

対話によるデータの意味づけ

がんばるぞ！

現場の変革

サーベイは現場のメンバーに意味づけられてはじめて変革につながる

　この「データや数字自体は現場を変えない」という事実は、様々な分野の研究でも示されています。

　かつてフェーリ、フィッツジェラルドらが、米国経営学会の論文誌のなかで、医療現場において「エビデンスのある治療法は、なぜ病院で普及し

ないのか」という研究論文を発表しました[14]。フィッツジェラルドらが問題視したのは、医療現場の世界で、革新的な治療法がデータに基づき紹介されたとしても、職場の医療実践が変わらないのはなぜかということです。その理由は、「エビデンスが弱い」からではなく、「現場の人たちのあいだで対話が行われず、エビデンスに納得していなかったから」でした。

　医療現場では、医療のあり方にそれぞれ一家言あるような医者、看護師、薬剤師などが多職種連携で医療に当たっています。通常、エビデンスのある革新的な治療法なら、数字が一人歩きして、医療現場の人々に理解され、医療現場内にただちに普及してもよいはずです。しかし結果は、「逆」でした。誰一人として旧態依然とした治療法、働き方から抜け出そうとはしませんでした。データを無視し、現状維持バイアスにとらわれ、お互いに疑心暗鬼になりつつ、誰一人として、職場の働き方を変えようとはしませんでした。

データは必要だが、データだけでは組織は変わらない

　このように、どんなにデータが詳細に示されていたとしても、そこにどんな数字が示されていても、組織のメンバーが対話したうえで納得しない限りは、現場に革新が生まれることはないのです。必要とされているのは、その数字やデータを踏まえたうえでの「意味づけ」、あるいはその意味づけを導くためのメンバー同士の「対話」です。

　実施したサーベイが示す客観的事実について、職場のメンバー同士が対話し、意味づけを行う。そして、問題を改善するためのアクションを自分たちで決めて行動し、フォローアップする。ここまでしてはじめて「現場は変わりはじめる」のです。

14　Ferlie, E., Fitzgerald, L., Wood, M. and Hawkins, C. (2005) The Nonspread of Innovations: The Mediating Role of Professionals. Academy of Management Journal, 48(1), 117-134.

図1-14 サーベイ・フィードバックがめざす職場づくり

「サーベイによる見える化」

データを通じて客観的事実を
メンバー同士で共有する

＋

「対話によるフィードバック」

データの意味づけを行い
アクションプランを決める

　本書のテーマであるサーベイ・フィードバックは、「サーベイでいかに見える化を行うか」もさることながら、「**サーベイが示す客観的事実に、いかに意味づけをして、現場に戻すか**」という視点も踏まえた手法です。サーベイでわかったことを、いかに現場の人々に伝え、対話を促すかのヒントを、本書では論じたいと思います。

『カモメになったペンギン』が我々に教えてくれること

組織の変革には徹底した準備が欠かせない

　ここまで見てきたように、職場やチームをケアし、場合によって、そのあり方を変えていくことは、実に難しいことです。人が集まると、そこには「組織の慣性（イナーシア）」が働きはじめ、メンバーは「昨日までのようにかくありたい」と考える現状維持バイアスにとらわれます。場合によっては、激しい「変化に対する抵抗」が生まれます。

　変革のマネジメントの権威である、ハーバード大学ビジネススクール名誉教授のジョン・コッターも、「**したたかに戦略的に組織を変えていく工夫をしないと、そう簡単に組織なんて変わらない。激しい抵抗にあう**」と述べています。

　コッターの組織変革論を一般にもわかりやすく寓話で論じた本に、『カモメになったペンギン』という物語があります[15]。

　南極に、268羽のペンギンが集落をつくって住んでいたある日、フレッドというペンギンが「氷山の表面下や内部が溶けている」と危機を察知して、それを仲間に伝えます。しかし、他のペンギンたちは「氷山が溶けてなくなるわけではない」と言って、全然動いてくれません。

　そこで、フレッドは、まず氷山の表面下や内部がたしかに溶けているという現状のデータをもって周囲を説得します。そこで動き出したのは、何羽かのペンギンたち。フレッドは、経験豊富で聡明な者、行動派の者、人を動かすような信頼と好感度を持っている者、論理的な者など、いろんな

15　ジョン・P・コッター、ホルガー・ラスゲバー（著）藤原和博（訳）野村辰寿（絵）（2007）『カモメになったペンギン』ダイヤモンド社

ペンギンを集めて、「変革推進チーム」をつくります。彼らと一緒に、集団に危機感を醸成して、物事を動かしていくのです。

『カモメになったペンギン』の変革ストーリー

　南極に268羽のペンギンが集落をつくって住んでいました。ある時、1羽のペンギン・フレッドが、集落のある場所の氷山の表面下や内部が溶けてきているという危機を察知します。

　集落のリーダーである10羽のペンギンに調査したデータや実験などでその危機を伝えますが、リーダーたちは最初、「長年暮らしてきた氷山が溶けてなくなるわけがない」と疑心暗鬼でした。

「きみは、自分のデータと結論が100％正しいと保証できるのかね？」と言うリーダーたちの意見に対し、フレッドはこう訴えます。「正直言って、答えはノーです。皆さんに保証はできません。しかし、昼も夜も暗い冬のあいだや、身動きの取れない吹雪や強風の最中に、溶けかかっている氷山がこなごなに砕けてしまったら？　私たちの仲間が大勢死なないと言えるでしょうか？」

　フレッドは何とかリーダーたちを説得して、ペンギン全員を集めた全体集会を開きます。氷山が溶けているという調査結果、実験結果を示し、変化に慣れていないペンギンたちに対し、「我々は行動を起こさなければならない」と訴えます。

　その後、集落のトップのリーダーペンギンは「我々がこの難局を乗り切るためには、みんなを導くチームが必要だ。私1人ではこの仕事はできな

い」と、それぞれ異なる特徴を持った5羽のペンギンで構成する「変革推進チーム」を結成します。

・経験豊富で賢明なペンギン
・実践的で積極派のペンギン
・信用度と好感度の高いペンギン
・好奇心と創造力の高いペンギン（フレッド）
・論理的なペンギン

それぞれ性格や価値観が異なりますが、大好物のイカを食べながら夢や希望を語り合い、チームをまとめていきました。

そして、変革推進チームを中心に問題解決の糸口を模索していきます。そこで偶然、氷山の上空を飛ぶカモメに出会います。カモメは「私は偵察に来たのです。一族の仲間に先立って飛び、次に暮らす場所を探しています」と話しました。カモメは土地から土地へと移動しながら「遊牧的」に生活していることを知ります。ペンギンたちは「たった1つのやり方のなかで長い間暮らしていると、まったく新しい生き方を考えつくことが、なぜこれほど難しいのだろうか？」と新たな気づきを得ます。

その後、カモメの言葉をヒントに、30〜40羽のペンギンで構成される「偵察隊」を結成し、よりよい氷山を見つけて移住する計画を立てました。

ペンギン全員を集めた全体集会で、「この氷山は、我々そのものではない。ここは今我々が住んでいるというだけの場所にすぎない」と訴え、移住計画を示します。ペンギンの30％がメリットがあると確信、30％は内容を飲み込めた、20％はひどく困惑している、10％は疑ってかかっている、10％はまったく馬鹿げた話だと確信しているような状況でした。

変革推進チームは、集会後もみんなが四六時中、移住計画のことを思い出してもらうために、ビジョンを伝えるメッセージが書かれたポスターをいたるところに貼りました。

　変革推進チームのメンバーはそれぞれの個性を発揮し、抵抗するペンギンや不安に思っているペンギンの気持ちに寄り添い、偵察隊は移住するための場所を検討し、実現可能な道筋を探っていきます。またリーダーペンギンは、危険な探索活動をしている偵察隊のペンギンたちを「英雄」と讃え、みんなで感謝する日を設けます。

　そんななか、移住先の氷山の候補が見つかると、「実行段階のペースを落としたらどうだろうか」と言い出すペンギンがいました。しかし、変革推進チームのメンバーは「みんなの士気がいつ低下するかわからないのです。もうすでに来年の冬まで待ったらどうかと口にしている仲間もいます。そして、もしも生き延びることができたら、きっと彼らは、危険はもう去ったのだから何かを変える必要はないと言うでしょう」と訴えます。そして、条件の整った氷山を見つけ、即座に大移動を開始しました。

　ペンギンたちは移住に成功します。さらに、次のシーズンにはより良い条件の氷山を発見し、ペンギンたちはまた移動します。気を緩めず、もう二度と現状に甘えないことの表れでもありました。

　ペンギンたちは完璧な氷山を発見し移動するまでの物語を子どもたちへ語りはじめ、学校では「偵察」という必修科目も加わりました。これまでの因習はなくなり、新しい文化が根付いていきました。

　（この要約は、立教大学大学院博士課程中原ゼミの辻和洋さんが作成しました）

この寓話は、ビジネス界ではよく「組織を変えるときには、危機感の醸成が必要だ」と解釈されて、多くのリーダー、管理職に読まれています。

　しかし、私は、それ以前にもっと重要なものがあると思います。この物語を「危機感の醸成の必要性と解釈する見方」は、そのことを大きく見落としていると思います。

　それは、**今、起こっている出来事が、本当に危機であると皆に思わせるだけの力を持つ「データ」**です。フレッドはまず、ここに着手しました。そして、たしかに氷山の表面下や内部が溶けていることを示す調査結果や分析結果を各人に呈示し、組織を動かしていったのです。

危機感を叫ぶだけでは、人は動きません。
そこには、重い腰をあげるだけのデータが必要なのです。

結局、データは必要だが、その「意味づけ」こそが真の問題

　ところで、先に私は、「データだけでは、人は動きません」「データは組織を変えません」と書きました。

　しかし、一方で、次のようにも言えるのです。

データがなければ、人は動きません。
データがなければ、組織は変わりません。

　次の表は、米国経営学会の論文誌に掲載された「成功する組織変革に満たされる要因」のリストです[16]。

　このリストを概観してみても、組織が変わるために必要な項目の「一丁

16　Stouten, J., Rousseau. D. M. and Cremer. D. D.(2018) Successful Organization Change : Integrating the Management Practive and Scholarly Literatures. Academy of Management Annals, 12(2), 752–788.

目一番地」にあたるのは、「問題に関するデータ（事実）を集めること」だとわかります。

1．問題に関するデータ（事実）を集める
2．変化に対する組織の準備度合いやタイミングを見極める
3．科学的知見に基づいた変革のための介入
4．効果的な変革のリーダーシップを開発する
5．説得力のある変革のビジョンを開発し伝える
6．ソーシャルネットワークを用いて働きかけ、影響力を活用する
7．実施をサポートするために有効な実践を利用する
8．小さなプロセスと実験を促進する
9．ゆっくり時間をかけて変革の進捗（しんちょく）と成果を評価する
10．変革が効果を持続的に発揮できるように制度化する

サーベイ・フィードバックも、これとまったく同じです。

現場を率いるマネジャーやリーダーが、何の武器も、何のデータも持たずに現場を率いようとすると、激しい返り血を浴びることもあります。

管理職やリーダーを「素手」で戦わせない。
管理職やリーダーには「武器」を渡す。

そのための手段の1つが、サーベイによって明らかになったデータであり、サーベイ・フィードバックのスキルなのです。

さて、ここまで、サーベイ・フィードバックが、今、なぜ注目されているのか、という社会背景をお話ししてきました。繰り返しになりますが、サーベイによる「見える化」は、これからの職場の変革、働きやすい職場づくりにとっては、極めて重要な機会を提供します。

続く第2章では、そんな「サーベイ・フィードバック」について、それを裏打ちする理論を概観していきましょう。

データを使いこなす「前段階」で つまずいていませんか?

日本の人事の知られざる「データへの疎さ」

　近年、人材業界では、「データを活用した人事」が流行しています。

　若手人事パーソンの勉強会に行くと、データを活用した人事に興味を持っている人が非常に増えているという印象を持ちます。「どんなデータを分析するべきか」「どんなシステムを入れるのが良いか。高度な分析手法は必要か」「ＡＩを使うべきか」などという話が飛び交っています。

　しかし、多くの企業は、そうした一見キラキラした手法を導入する前にやるべきことがあると、私は感じます。

　それは、「データ管理の体制を整えること」です。

　残念なことに、**ほとんどの日本企業のデータ管理体制は、「データを活用した人事」のかなり手前にあるように思います**。私は、様々な企業や組織から相談を受けるのですが、そのほとんどが、データ活用以前に、以下のような「そもそも」の問題・課題を抱えています。

- **そもそも、データを分析する目的が不明瞭**

  「データを活用せい!」と役員に言われてやっているが、何を目的に活用すればいいのかがわからない。

- **そもそも、どこに「データ」があるかわからない**

  何をするにしても、データを探すことからはじまる。サーバのなかのフォルダを適当に漁り、マクロつきの訳がわからないエクセルデータが出てきて、心が折れる……。

- **そもそも、「データ」って何？**
  どんな情報が、どのように活用できるのか、誰も理解していない。

- **そもそも、データがつながっていない**
  データが社内の色々な部署やデータベースに点在しており、バラバラで紐付いていない。紐付けるためにはさらにお金がかかると言われ、及び腰になる。

- **そもそも、データが分析できる人材がいない**
  分析できる人材がいない。データを読める管理職もいない。

- **そもそも、データをフィードバックしたことがない**
  どうやってフィードバックして変革を導けばいいのかが、わからない。どうやって社内に対話を生み出せばいいのか、わからない。

御社でも心当たりはありませんか？

このような初歩の初歩からつまずいている状況のなかに、最先端のデータ活用手法を取り入れたところで、使いこなせるはずがありません。

会社全体を改善するのは難しいですが、まずは、人事が率先して、データに対するリテラシーを上げ、日常的にデータの整備をしておくことが大切です。

第 **2** 章

サーベイ・フィードバックの理論

サーベイ・フィードバック 基本の「3ステップ」

「見える化」「ガチ対話」「未来づくり」

　サーベイ・フィードバックに関して、海外では、いくつかの専門書が出版されています[17]。また海外においては、組織開発のハンドブックのなかで、１章をさいてサーベイ・フィードバックの解説がなされています[18]。しかし、日本においては、海外では定番とされているハンドブックの翻訳書がなく、また、専門書に関しては、いまだ翻訳がなされていません。類書も存在しないわけではありませんが、非常に限定的なのが実情です。

　私の研究室は、人材開発・組織開発の研究を行っています。これまで15年弱にわたり、数十団体を超える民間企業や地方公共団体と共同研究のプロジェクトを実施してきました。このプロセスを通して、私の研究室には、これらの企業・組織のデータが数多く寄せられ、研究室に所属する私の指導学生、大学院生などが、データ分析にあたっています。

　データ分析が終わって、現場に私どもが出向き「サーベイ・フィードバック」を行わせていただくこともあります。私どもの研究室は、日本でもっとも経営や組織にまつわるデータを有し、それを現場にフィードバックしてきた研究室の１つだと思っています。

　本章では、その筆者の経験と、先に述べた海外の研究成果を適宜引用しながら、アカデミックな立場から「サーベイ・フィードバック」の有用性

17　Nadler, D. A.(1977) Feedback and Organization Development: Using Data-Based Methods. FT Press.
Rothwell, W. J., Stopper, A. L. M. and Myers, J.(2017) Assessment and Diagnosis for Organization Development. Routledge.
Harrison, M. I.(2004) Diagnosing Organizations: Methods, Models, and Processes. SAGE Publications.
18　Jones, B. B. and Brazzel, M.(2014) The NTL Handbook of Organization Development and Change: Principles, Practices, and Perspectives. Pfeiffer.
Cummings, T. G. and Worley, C. G.(2014) Organization Development & Change. South-Western Pub.

とポイントを見ていくことにしましょう。

　まずは定義のおさらいです。サーベイ・フィードバックの学術的な定義を概念図にあらわしたのが図1－2（再掲）です。

【第1フェイズ】サーベイの実施

① **「見える化」** ……サーベイを通して、普段は見つめていないチームや組織の課題を「可視化」する

【第2フェイズ】フィードバック・ミーティングの開催

② **「ガチ対話」** ……見える化した組織的課題に、チーム・関係者全員で向き合い、その問題の解決・解消をめざして話し合う

③ **「未来づくり」** ……これから自分たちの組織・チームをどうしていくかの「未来」を、当事者たちが「自分ごと」として決め、アクションプランをつくる

図1－2　サーベイ・フィードバックの概念図

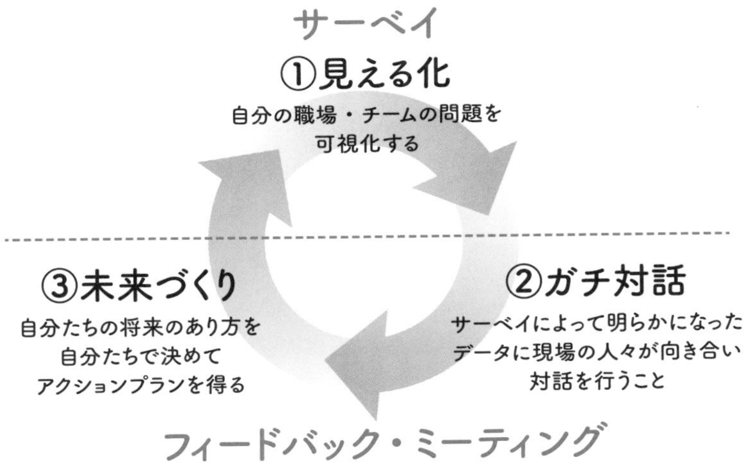

サーベイ

①見える化
自分の職場・チームの問題を
可視化する

③未来づくり
自分たちの将来のあり方を
自分たちで決めて
アクションプランを得る

②ガチ対話
サーベイによって明らかになった
データに現場の人々が向き合い
対話を行うこと

フィードバック・ミーティング

まず、この図から読者の皆様に読み取っていただきたいことは、**サーベイによる「見える化」は、すべての変革の「はじまり」にすぎない**、ということです。つまり、実際に組織を変えること、組織をケアすることの「スパークプラグ（発火点）」になるのは、職場のメンバーがデータについて対話し、その対話をきっかけにして、自分たちの将来のあり方を自分たちで変えていく段階にこそある、ということです。

　このことは、実は、すでに50年ほど前から、サーベイ・フィードバックの古典的研究によって実証されていたことでもありました。
　1973年に、ミシガン大学教授のデービッド・G・バウアーらは、23の組織・1万4000人の従業員を対象とした5年間の縦断研究で、「フィードバック・ミーティングありのサーベイ・フィードバック」と「フィードバック・ミーティングなしのサーベイ・フィードバック」など、様々な組織開発手法の効果を比較研究しました。
　その結果、**もっとも効果が高かったのは、フィードバック・ミーティングありのサーベイ・フィードバックであることを実証しました**[19]。対話のないサーベイ・フィードバックは、効果が薄いということです。

　この際、もっとも大切なことは、サーベイによって見える化したデータを、フィードバック・ミーティングを通じて、職場のメンバーに適切にフィードバックすることで、「自分たちの職場の未来は、自分たちで変えていくんだ」という当事者意識を持ってもらうことにあります。

「このデータは自分たちの変革につながるものだ」
「今、自分がいるこの組織は、自分たちが変えていかなきゃならないんだ」
「このチームの将来の姿は、自分たちの選択で決まるんだ」

　このオーナーシップが十分に醸成できていないと、メンバーのなかで

19　Bowers, D. G.(1973) OD Techniques and Their Results in 23 Organizations : The Michigan ICL Study. The Journal of Applied Behavioral Science, 9(1), 21-43.

「変革への抵抗」が無視できないほどに肥大化していき、メンバーが「自己防衛的な行動」に走ってしまう可能性があるのです。

そもそも「データ」とは何か？

　ところで、一口に「データ」といっても、その認識やイメージは個人によって異なります。データとは「数字」や「数量化されるもの」だけをいうのでしょうか。それとも、私たちは、それ以外のものをもデータとして取り扱っていいのでしょうか？　先ほどは、データとは「人間が再解釈可能な情報である」という定義を述べましたが、さらにデータについて詳細に考えていくことにしましょう。

　サーベイ・フィードバックにおける「データ」とは、一言でいえば、「職場の状況を『見える化』するような情報」のことです。
　「サーベイ（Survey）」という言葉の語源は、もともと「見晴らすこと」「上から全体を見渡すこと」です。一般にサーベイとは「質問紙調査（オンライン調査）」だと考えられる向きもありますが、「見える化」の手段は、必ずしもそれに限られません。
　ここでは、職場の状況を見える化するための情報として、図２−１に示す４種類にわけて概観してみます[20]。実際の実務では、これらの４つのデータを適宜組み合わせながら、デメリットを補完し、フィードバックがなされるものと思います。

1. 質問紙調査

　まず１の「質問紙調査」は、もっともよく用いられている方法です。あらかじめ設定された質問項目に対して、「まったくあてはまらない（１）」「ややあてはまらない（２）」「どちらともいえない（３）」「すこしあては

20　Nadler, D. A.(1977) Feedback and Organization Development : Using Data-Based Methods. FT Press. P119 を参考に日本の実情にあわせて筆者改

図2−1　職場の状況を「見える化」する4つの手法

	メリット	デメリット
①質問紙調査	・大勢を調べることができる ・データを数字で表現し、比較・整理できる ・比較的コストが低い	・質問したこと以外はわからない ・リアルな声、生の感情をすくいとれない
②面接・ヒアリング	・想定外の生の情報が出てくることがある ・面接を通して現場とのあいだに信頼が生まれる	・コストが高い ・小規模な範囲しか調べられない ・コード化、カウントが難しい
③観察	・行動をデータ化できる ・今現在の状況を知ることができる	・コストがかかる
④二次データの分析	・コストが低い ・バイアスが低い ・データを数字で表現し、比較・整理できる	・IDの紐付けが行われておらず、比較整理がほぼ不可能な場合がある

まる（4）」「かなりあてはまる（5）」の5段階からなる回答（リッカートスケール）を求めたり、「はい（1）」「いいえ（0）」の2段階で答えたりして（2つの値で取得されたデータをダミーデータと呼んだりします）、回答を数値化することで、様々な分析を行うことができます。

　質問紙調査は、もっともよく用いられている方法ですが、そのメリットとしては、「一度に大勢を調べることができる」「データを数字で表現できるので、比較・整理するのが容易」「比較的コストが低い」などがあげられます。

　加えて、データ取得にコストはかかってしまうものの、「縦断調査」ができることも、質問紙調査のよいところです。縦断調査とは、「時系列で組織の変化を追うこと（トレースしていくこと）」です。具体的には「調査1回目（time1）」「調査2回目（time2）」「調査3回目（time3）」といったように時系列順に組織のデータを集め、その変化を縦断で追うことがで

きます。組織のなかの時系列の変化を可視化したいときには「縦断データ」が用いられます。

　以上が質問紙調査についてのメリットです。こう書いてしまうと、質問紙調査が万能の方法に見えるかもしれませんが、そうではありません。調査手法には、どんな手法であっても、必ず、メリットとデメリットが存在するのです。

　質問紙調査のデメリットは、「現場のリアルな声」「生の感情をすくい取ること」には適していないことです。表現されるのは「数字」によって表現できるものだけ。泥臭いことや、文脈に依存した情報をすくい取るには、この手法は向いていません。

　また、質問紙調査の最大のデメリットは、「こちら側で設定した質問項目以外は、回答のしようがない」ということです。よって、質問紙調査とは、一般に「こちらが想定外の現実をすくい取ることは難しい」というデメリットを持ち合わせています。

2. 面接・ヒアリング

　次に2の「面接・ヒアリング」です。「面接・ヒアリング」は、「調査者が直接現場に出向いて、関係者にヒアリングすること」をいいます。

　先ほどの質問紙調査は「想定外の現実をすくい取ることは難しい」というデメリットを持っていましたが、こちらの「面接・ヒアリング」は、こうしたリアルな現実をすくい取ることができるというメリットを持っています。「現場の人々の生の声」からは、いつだって「リアルな組織の問題」がすくい取れるものです。ですので、多くの組織の課題解決において「面接・ヒアリング」は必ずといっていいほど行われます。

　しかし「面接・ヒアリング」にも弱点はあります。この手法は「想定外の生の情報」を得られる可能性がある反面、「数値化」には向きません。

　さらに「面接・ヒアリング」はコストが高い方法でもあります。面接やヒアリングは、きちんと行おうとすれば、面接する人・される人双方の人件費・時間に加えて、面接の音声データをテープ起こしするためのコスト

もかかります。そこで得られるデータは、リアルで深いものが得られますが、一方、限られたエリアの非常に対象範囲の狭いデータになりがちです。

　組織開発の研究者であるコロンビア大学のウォーナー・バークは、職場の状況を明らかにする問いとして、職場のメンバーの1人ひとりと面接をして、次の「5つの質問」をしてみるとよい、と言います[21]。

> 1. この職場でうまくいっていることは何ですか？
> 2. この職場でうまくいっていないことは何ですか？
> 3. 自分の仕事のどんな要因からやりがいを感じますか？
> 4. 自分の仕事でやりたいと思っていることに関する障害は何ですか？
> 5. もし自分が「上長」だとしたら、どんな変革をやりますか？

　これらの質問をしていくことで、職場の問題や自分の仕事に対する障害、自分が変えたいものが出てきやすい傾向があるといいます。あなたが組織の課題解決を、組織の外部から行うときには、こうした質問を「面接・ヒアリング」で対象者に投げかけるとよいかもしれません。

3. 観察

　3の「観察」とは、主に、人々の「行動」をカウントしたり、記述したりしてデータ化する方法です。主に、生産管理の現場、工場などの生産を行う現場、また、アルバイト・パート領域の仕事現場などで、職場のメンバーの現在の仕事ぶりや行動を評価するときに用いることができます。よくサービス業などで、店舗における店員の動き、接客の様子などをアセッサーとよばれる人（評価を行う人）がデータにしていくことなどが行われますが、それも「観察」の一種でしょう。

　観察のメリットは、**「今、ここ」で実際に行われている行動データを、客観的に記述できる**ということです。それは業務改善などに役立つ貴重な

21　W・ウォーナー・バーク（著）小林薫（監訳）吉田哲子（訳）(1987)［組織開発］教科書：その理念と実践』プレジデント社

データを提供できるメリットがあります。

一方で、観察には**「実時間」がかかります**。また、観察要員やアセッサーの養成にはコストもかかります。アセッサーには人文社会科学の質的調査、エスノグラフィー執筆のトレーニングを受けた人材が最適ですが、そうした人材は限られています。

最後、4の「二次データの分析」とは**「調査者が自ら手を動かすことなく、出退勤時間のデータや人事評価データなど、すでに第三者が記録しているデータ（二次的なデータ）を事後的に収集し、連結し、分析する」技法です。**

企業規模にもよりますが、多くの企業では、「ES調査（Employee Satisfaction：従業員満足度）」のデータや、ストレスチェックの集団データ、出退勤時間のデータ、人事評価データ、研修受講データ、360度評価のデータなど、様々なデータを「すでに大量に」持っています。

私の研究室では、仕事柄、これらのデータに触れさせていただくことが多いのですが、日本の会社を見ていてもっとも問題だと思われるのは、これらのデータが、人事の諸機能、各部門に「バラバラ」に散らばっていて、固有のIDで紐付けられていないことです。このため、データの比較分析を行ったり、関連を調べる解析が、ほぼ不可能になっていることが多いのです。

たとえば、ES調査は組織開発の部門、ストレスチェックは産業医の所属する部門、出退勤データや人事評価データは人事制度や労務の部門、研修受講データや360度評価データは人材開発部門といった具合に、バラバラに存在しており、まったく活用されないままになっています。これらが結合されれば「宝」を生み出すことができるのに、大変もったいないことです。

私の研究室で過去にご支援させていただいた分析では、管理職の360度評価と、ES調査のデータを紐付け、どのような管理職であれば従業員

の職務満足をあげることができるのかを分析して、フィードバックしたことがあります。こうした既存のデータをうまく結合できれば、１の質問紙調査のような独自の調査をあえて行わなくても現場のことを「見える化」できる、という利点があります。

データの連結さえできてしまえば、**独自調査を行うよりもコストがかからず、もっとも早くデータが得られます。**しかし、データの紐付けを行い、様々な解析を行うには、それなりの経験値を持った人員が必要になることも、また事実です。

それでも、なぜ「数値」が重宝されるのか？

さて、以上、データ収集の４技法について述べてきました。このうち、**現場でもっとも利用されるのは、「質問紙調査」であることに間違いはありません。**結局、そこそこのコストで、現場で起こっていることや集団の意識を「数値化」して分析できる手法というものが、もっとも組織内で普及するものだということです。

しかし、なぜ「数値」は、これほどまでに重宝されるのでしょうか。

最近、その理由を鮮やかに解き明かし注目されている本があります。それは、カリフォルニア大学ロサンゼルス校、歴史学教授のセオドア・M・ポーターが書いた『数値と客観性』という本です[22]。

ポーターは、現代社会において数値が重宝される理由として、以下のような要因をあげます。

1. 数値化（定量化）とは、「個人の恣意性」によらず、知識生産を
   はかることができる

22　セオドア・M・ポーター（著）藤垣裕子（訳）（2013）『数値と客観性──科学と社会における信頼の獲得』みすず書房

　　　　　第２章　サーベイ・フィードバックの理論

2. 数値化（定量化）とは、厳密な方法と規律で「距離を超えること」もできる

3. 1と2のように、個人の恣意性や局所性を超えて、厳密さや標準化をめざすとき、「新しい信頼」を生み出す「数」が登場する

　これだけ読んでも理解するのが難しいと思うので、少しかみ砕いて解説しましょう。
　ポーターの主張を一言でいえば、「**数値は、個人的なものを超えて、新しい信頼を生み出すための手段だ**」ということです。
　世の中の人々は、自分が働いている「現場」について、誰でも何らかの「信念」や「一家言」を持っています。そういったものを持っている人たちが「テーブルにつき、自分たちの組織が将来、いかにあるべきかについて、建設的な議論をはじめる」のは、実はとても難しいことです。
　なぜなら、テーブルにつくなり、人は、「個人の恣意性≒その人なりの気ままな思いつきや考え」をぶちまけてくることが多いからです。

　たいてい、組織のなかで人々がテーブルにつきはじめると、すぐに「思いつきの応酬」がはじまります。ある1人の意見に対して、他の誰かが「俺はそうは思わない」と、個人的な恣意に基づいた主張を繰り出したとします。突然思いつきで主張しはじめることも問題ですが、さらにやっかいなのは、これと同じように、多くの人々が一斉に気ままな思いつきや信念を主張し合う場面が生まれたときです。おそらく、この集団は、「同じテーブルについて」これ以上、議論を続けることが難しくなってしまうでしょう。

　データや数値が重視されるのはこのためです。このとき、**データや数字があれば、それは個人の恣意性を超えた「信頼できるメディア」として、その場で機能します**。だから、そのデータや数字に対する意見はどうあれ、その場にいるメンバーが「テーブルについて、話をはじめる」ことは少な

くともできます。

　それぞれのメンバーが有している個人的な恣意性を一時的に「排除」して、それなりの信頼感を感じることのできる数字を、ともに見つめる。そのきっかけのためにこそ、数値はあるのだと思います。

　もちろん、数値は、世の中の現実を写像できるメディアとして「万能」なものではありません。数値にできない「思い」や「暗黙知」、数量化できない複雑さなどが、世の中には存在します。

　しかし、**数値は「個人の恣意性」を乗り越え、メンバーのあいだに新しい信頼をつくりあげます。**言うまでもなく現代の職場は「多様化」しています。その多様性あふれる職場において、メンバーたちが対話を行っていくためには、「多様性を乗り越え、同じテーブルにつくためのメディア」が必要なのだと思います。

データが行動を変えるメカニズム①
「コレクション効果」

質問する内容自体が、メンバーへの働きかけになる

　ここまで、データとは何か、データはどうやって収集するのかといった事柄について見てきました。しかし、ここで私たちは、1つの問いに直面します。そもそも、なぜ、ある集団からデータを取得することが、その集団の「人々の行動を変える可能性」を秘めているのでしょうか。それは自明なようでいて、実は自明ではありません。

　実は、そのメカニズムを研究し言及している学者は意外と少ないのですが、デービッド・A・ナドラーが、下記の2点の効果を示しています[23]。

---

　1. コレクション効果
　2. フィードバック効果

　第一に注目するべきは「1. コレクション効果」です。

　これは意外な「盲点」のような効果です。すなわち、**サーベイによって職場・集団に「質問」を投げかけ、データを集めるという行為自体が、「人々が行動を変えるためのエナジー」を内包している**ということです。

　その理由は、人々に提示された「質問項目」自体が、「その組織において、何が望ましい行動で、何が望ましくない行動なのか」を潜在的に示している指標として機能してしまうからです。

　要するに「質問項目の内容」と、それにまつわるデータを集めること（コレクションすること）」自体が、一般従業員に「あるメッセージ」をつたえ、「人々の行動を変える原動力」になりうるということです。

23　Nadler, D. A.(1977) Feedback and Organization Development: Using Data-Based Methods. FT Press.

たとえば、皆さんは、自社の ES 調査で、下記のような質問項目を定期的に繰り返し問われたとしたら、どのように思うでしょうか。

・あなたの職場では、オープンにコミュニケーションできていますか？
・あなたの職場では、メンバー同士は信頼しあっていますか？

言うまでもなく、こうした質問項目を何度も問うこと自体が、「職場ではオープンにコミュニケーションすべきである」「メンバー同士は信頼しあうべきである」というメッセージを、暗に伝えているのです。

つまり、「見える化」のために質問項目を設定し、データを集めるという行為自体が、その組織のなかにおいて何が正当なのか、何が大事なのかを「規範」として提示しているというわけです。そう考えると、「職場の改革」とは、「メンバーに何を質問するか」を決めるところからはじまっているといえます。

したがって、たとえば、質問項目をあまり精査せずに、「とりあえずたくさんやっておけばいいか」と考えて、大量の質問項目を設定してしまうと、本当に大事な質問は何なのかが薄れてしまうので、コレクション効果は期待できなくなります。

質問項目を決めること自体が、組織を変えることです。
「問うこと」自体が、「組織を変える」ことのはじまりなのです。
そして、
質問項目は「社員へのメッセージ」なのです。

これは、逆にいうと、

質問項目をいい加減に設定すれば、組織は変わりません。
他社と同じ質問項目を用いれば、他社と同じように変わります。

しかし、同時に、「単純にデータがコレクションされる」だけでは、人々は行動を変えない、ともナドラーは指摘することを忘れません[24]。メンバーは質問項目に回答する際、次のような関心を同時に持ちます。

１．組織のなかで、どの程度の範囲までデータが集められているのか？
２．データの測定が、どの程度、正確になされているのか？
３．権力を持った人々が、そのデータを用いる程度はいかほどのものか？

　つまり、組織において「データを集めるプロセス」というものは、実際はメンバーから「見られており」、「熱い視線」をおくられているのだということになります。組織のなかで広範囲にデータが集められ、しかも、そのデータが正確であり、かつ、組織のなかで権力を持った人々が、そのデータに着目している、という事実こそが、組織を変える原動力として機能するのです。
　逆に「データの取得は、あまり広範囲でやってなさそうだ」「今回の調査は、それほど正確な測定ではなく、いい加減そうだ」「権力を持った経営陣や経営者は、これらの調査をそれほど気にしていないみたいだ」とメンバーが感じた瞬間、コレクション効果は失われます。このように、

　サーベイを実施する人々は、サーベイという手段を通じてメンバーの行動を「見える化」している気になりがちですが、実は自分自身がもっとも職場のメンバーから「見られている」のです。

　メンバーは、自分の回答がどのように処理され、何に役立てられるかについて、調査者が思っているより、熱い視線をおくっています。コレクション効果を高めるためには、質問項目とそれらの重要度の双方に留意することが重要です。

24　Nadler, D. A.(1977) Feedback and Organization Development: Using Data-Based Methods. FT Press.

データが行動を変えるメカニズム②「フィードバック効果」

さらに、データが人々の行動を変える理由について、ナドラーは「コレクション効果」のほかに、もう1つのメカニズムを言及しています。それが、本書のタイトルの「一部」、すなわち「フィードバック」を冠した「2. フィードバック効果」です。

「フィードバック」という概念は、もともと、アメリカの数学者・ワイナーによって生み出された「サイバネティクス（人工頭脳学）」という研究分野で、1940年代に提唱された概念です。

図2-2は、ナドラーの書籍に掲載されているフィードバックの概念図を簡略化したものです。

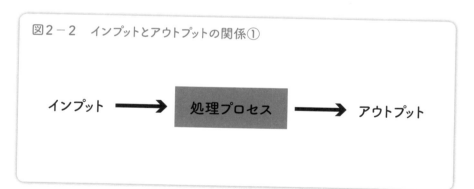

図2-2　インプットとアウトプットの関係①

インプット　➡　処理プロセス　➡　アウトプット

今、ここに「インプット」と「処理プロセス：インプットされたものを処理するプロセス」と「アウトプット」という3つの要素からなる単純な「システム」があるとします。あなたは、このシステムのアウトプットを高めたいと願っている1人だとします。

ただし、このシステムの「処理プロセス」は、一定の機能しか持ち得て

おらず、そこの効率をあげることに期待することはできないとします。すなわち、「処理プロセス」の効率化にはあまり期待できません。

　まず、このシステムを使ってさらに大量のアウトプットを生み出すために、まっさきに考え得ることは、単純に「インプット」を増やすことのように思えます。たしかにインプットを増やせば、アウトプットを増やすことはできます。

　しかし、一方で、それでは限界もあります。単純にインプットを増やすだけでは、どこかで上限に達して、それ以上のアウトプットを望むことはできなくなります。これは、実際のビジネスの文脈でいえば、「大量生産したけりゃ、とにかく人を増やせ」というのとほぼ変わりません。

　では、インプットの量を増やすことなく、効率的にアウトプットの量を増やすにはどうしたらよいでしょうか。

　ここで出てくるのが「フィードバック」というアイデアです。下の図2－3を見てください。すなわち、**アウトプットのデータをインプットに返し（フィードバックし）、インプットの質を高めるのです。**

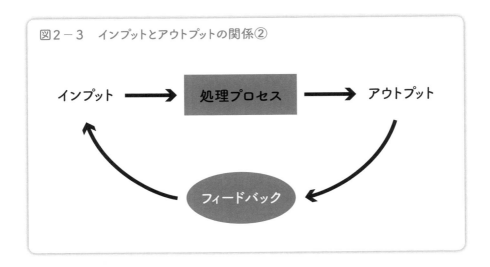

図2－3　インプットとアウトプットの関係②

インプットの量を変えずに、アウトプットを増やすためには、方法が1つだけあります。それは、**「アウトプット」に関する様々な情報を、それ以降のインプットに対して提供し、インプットの質を変えていくこと**です。インプットの質を転換することができれば、単純にインプットの量を増やさなくても、アウトプットの量を増やす方法が見つかるかもしれません。

　以上、非常に単純にシステムの構造を描きましたが、実は、これがフィードバックという概念のもともとの発想です。

　フィードバックとは、そもそも「システムが何を生み出しているのか」「システムが今どのような状況にあるのか」を、システムの入力部分に対して「現状通知」することです。ちなみに、インプットとアウトプットのあいだに存在するフィードバックの「環」のことを「フィードバック・ループ」といいます。

　このように説明してみると、この考え方は、ごくごく「当たり前のこと」のように聞こえます。しかし、これが発見された当時の自然科学の分野においては、非常に画期的なアイデアだと見なされました。

　実際、この考え方を応用して、現在の様々なテクノロジーにもフィードバック機能が応用されています。ロケットや精密な制御機械などは、システムのアウトプットを常に計測するセンサーを様々な機構に付属させ、システムが安定的に稼働できるようにしているのだといいます。また、生命にも、ホルモンのバランス調整などのメカニズム内にはフィードバック機構が存在していることがわかっています。フィードバックは、自然科学の一大発見の1つだったのです。

人と組織にも応用されはじめた「フィードバック」

　自然科学のなかで、フィードバックの考え方の有用性が広まるにつれ、人文社会科学の領域、つまり「人と組織」の分野にも、これが応用されるようになりました。図2-4をご覧ください。

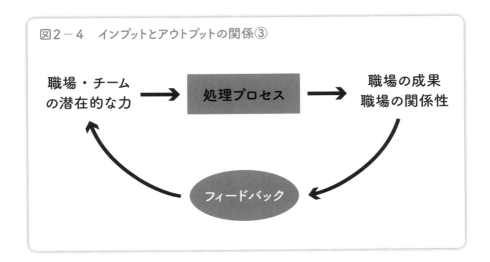

図2−4　インプットとアウトプットの関係③

職場・チーム
の潜在的な力　→　処理プロセス　→　職場の成果
職場の関係性

フィードバック

　今回は、先ほどのシステム全体を「職場」に見立てます。
「インプット」「処理プロセス」「アウトプット」は、それぞれ「職場・チームの潜在的な力」「（職場内の）処理プロセス」「職場の成果・職場の関係性」に置き換えてみます。これはつまり、「職場・チームがもともと持っている潜在的な力」が、まさにその「職場」を通じて、どのような「職場の成果」「職場の関係性」を生んでいるのか、ということを示しています。

　このシステムの効率性を高めようと思えば、先ほどと同じように、「職場の成果」や「職場の関係性」に関する情報を、インプットである「職場・チームの潜在的な力」の部分にフィードバックしていけばいい、ということになります。

　そして、人と組織の領域では、ここで用いられるフィードバックの具体的な手段の1つとして、サーベイ・フィードバックを用います。
　本書に即していえば、**インプットへと提供されるフィードバックデータとは、「サーベイなどによって示された職場のデータ」のことだと考えられます。**サーベイを通じて獲得された「職場がどういう状態にあるのかといった情報」を職場のメンバーに返していけば、チームのアウトプットの

質は上がっていくし、職場としても安定するというわけです。

これが、サーベイ・フィードバックで見える化されたデータが、集団を変化させていく2つめのメカニズム、「フィードバック効果」です[25]。

フィードバックされた情報が職場に変化をもたらす2つの理由

それでは、より具体的に、フィードバックされた情報が、なぜ職場に変化をもたらすのでしょうか[26]。

---

25 「フィードバックにより集団を変えていこう」という試みの背景にあるのは、「組織をオープンシステムに見たてる」という「システム理論」的な考え方です。ナドラーは、フィードバックによって質的転換をとげる組織について、次のように述べています。

1. 組織とは「オープンシステム」である。すなわち、組織内外のインプットが、様々に関連し合いながら、常に変化しつつ、成果を創出している
2. 組織を「オープンシステム」と見なせば、フィードバックは組織が自己調整を行うための基礎的情報とも見なせる
3. フィードバックとは組織のアウトプット情報に関する情報であり、組織のプロセス、組織のインプットに影響を与えうるものである
4. しかし、フィードバック情報は自動的に組織に変化をもたらすわけではない。フィードバック情報を獲得し、解釈し、用いていく行動こそが重要である
5. 現実に、多くの組織はフィードバック情報を無視するなど、適切に扱えない
6. 組織開発の営みは、組織がフィードバック情報を利用し、組織を環境にあわせ適応・成長させるために意図的になされる活動である

このうち、1の「オープンシステム」とは、組織を様々な構成要素からなる混成体と考え、それらの構成要素が相互に依存し、相互に影響を与え合う要素からできているシステムとみなす立場のことをいいます。

企業は、常に市場内外の諸要因に影響を受け、常に、その成果が左右されています。場合によっては、市場が急変したときなどには、組織はそれに適応しなければなりません。しかし、組織が自らを変化させることは極めて難しいことです。

このような企業が、自らの組織のあり方を変化させていくためには、情報が必要です。それがフィードバックです。フィードバックは「組織の現状」を通知する情報です。その組織内のエラーを正し、環境に適応し、成長していくためには、フィードバック情報が必要だというわけです。

そしてここでもっとも注目してほしいのは、4の「フィードバック情報は自動的に組織に変化をもたらすわけではない」ということです。本書ではこのことを繰り返し述べていますが、組織の何らかのアウトプット、たとえば、組織の状態を見える化したデータを組織に返しただけでは、組織のあり方の補正は行われません。

メンバーが、そのアウトプットの意味をしっかり解釈して、より良い状況に改善するためには何をしていくことが必要かを考えない限り、意味がないのです。

26 Nadler, D.A.(1977) Feedback and Organization Development : Using Data-Based Methods. FT Press.

その理由としてナドラーが挙げているのが、「**モチベーション機能**」と「**ディレクション機能**」というフィードバック効果の2つの下位メカニズムです（図2-5）。

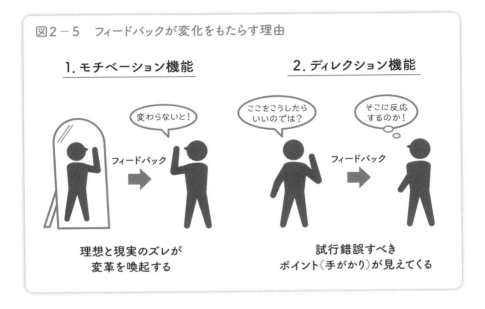

図2-5　フィードバックが変化をもたらす理由

1. モチベーション機能

変わらないと！

フィードバック

理想と現実のズレが
変革を喚起する

2. ディレクション機能

ここをこうしたら
いいのでは？

フィードバック

そこに反応
するのか！

試行錯誤すべき
ポイント（手がかり）が見えてくる

1. モチベーション機能

　「モチベーション機能」とは、フィードバックされた内容によって「物事を変えよう」という動機が、人々のなかにつくられる機能です。

　フィードバック情報が通知されると、通知された本人のなかに、通知された情報と現在の自分の姿とのあいだの「ズレ（inconsistency）」が生まれます。そして、この「ズレ」は、多くの場合、人々の内面に不安を喚起（かんき）します。人は不安を抱えて生きていられるほど、頑健（がんけん）な存在ではありません。ここに不安を解消したいという動機が生まれます。

　たとえば、「何かマズいことが起きているのではないか？」「実は自分は、大きな勘違いをしているのではないか」といった具合です。この不安によって、「物事を変えよう」という動機がつくられる。これが、モチベーシ

ョン機能です。

2. ディレクション機能

　もう1つの「ディレクション機能」とは、自らの行動を変えるうえで何を直せば良いのか、「手がかり（clueing）」が得やすいという機能です。

　フィードバックされた情報というのは、それ自体がある意味「ヒントの山」です。そのなかに次に向かうべき方向が何かしら含まれています。はっきりと「ここを直せばいい」ということまではわからなくとも、「何を試行錯誤すればいいかはわかるようになる（learning）」と、ナドラーは述べています。

サーベイ・フィードバックの知られざる機能「外在化効果」

外在化されたデータが、メンバーの「言える化」を促す

　以上で説明した、「コレクション効果」と「フィードバック効果」は、1970年代に生み出されたサーベイ・フィードバックの古典的な理論的説明です。サーベイ・フィードバックを日常的に行っていても、その背景にあるこうした効果や理論について、思いを馳せる機会はあまりありません。

　一見、遠回りにも見えますが、効果的なサーベイ・フィードバックを行いたければ、知っておいた方がいい知識だと思います。

　ところで、私は、こうした2つの説明に首肯しつつも、**サーベイ・フィードバックのデータがなぜ集団を変えるのかについては、もう1つ、別の理由となる効果があると考えています。**それは「外在化効果」です。

　ここでいう外在化効果とは、「職場で起こっている問題を個人の性質や資質に起因する属人的な問題であると考えること、すなわち、『個人に対して問題の所在が帰属すること』を防止して、いったん問題と個人を切り離しておく効果」です。この効果によって、集団のなかでなかなか口に出せない真実や本音を、他人への直接的な指摘や非難と受け取らず、オープンに指摘できるようになるという現象が生まれます。筆者の共同研究者の町支大祐先生（帝京大学）は、こうして生まれる直接的指摘を「言える化」と表現なさいました。非常に素晴らしい表現だと思います。

　つまり、**「見える化」したデータは「外在化効果」を有し、そのことによって「（本音や真実を）言える化」するのです。**そして、この効果を生み出すうえで、データが果たす役割は少なくないと思います。以下、これを詳細に論じたいと思います。

まず、私たちが、平場で、手ぶらで何の準備もせずに、職場で起きている課題について話し合ったらどうなるでしょうか。この段階で頻発する事態が、「職場の問題とは、ともすれば、内在化されやすい」ことです。

「内在化」とは、「職場で起こっている問題は、『組織』ではなく『個人』に原因がある、と考えてしまうこと」です。たとえば、「会議のときに意見がでない」という問題があげられたときに、「それはAさんが消極的だからだ」「それはBさんのやる気がないからだ」と、集団内で起こっている出来事の原因を、集団の構成員の個々人に帰属してしまう――集団の構成員に「責任の所在」を求めてしまうことが頻繁に起こります。

こうして**個人に原因を求める姿勢が横行していくと、集団内で相互に攻撃し合うようになり、対話が進まなくなります。**集団の構成員は、集団の当事者です。自己が他者から攻撃されないように、自己防衛ルーチンを働かせ、あたかも「貝」のように自分を守るようになるのです。

図2-6は、その状況をあらわしたものです。職場の当事者たちが、お互いに攻撃し合っている様子がみてとれます。

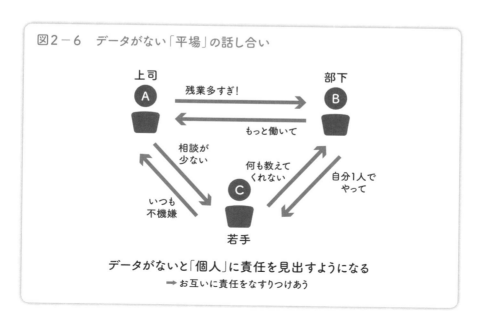

図2-6　データがない「平場」の話し合い

上司
A
残業多すぎ！
部下
B
もっと働いて
相談が少ない
何も教えてくれない
自分1人でやって
いつも不機嫌
C
若手

データがないと「個人」に責任を見出すようになる
→ お互いに責任をなすりつけあう

このような状況に入ってしまうと、せっかく対話を行っても、ストレス、徒労感、やらされ感、罪の意識、怒り、心配、やる気の消失など、ネガティブな感情が先に湧き上がります。すると、メンバーはひたすら自分の身を守ろうとするので、話し合いになりません。こうした硬直状況は、平場で問題を見つめ、データなしで、メンバー同士が向き合って議論をしたときに起こりやすいものです。

　それでは、このような状況に陥らないように、前向きな対話や議論を行うためにはどうすればいいでしょうか？　そこで必要となるのが、データの果たす３つ目の効果である「外在化効果」です。

「半身の当事者性」が対話を促す理由

　既述しましたように、外在化効果とは、「職場で起こっている問題を個人の性質や資質に起因する属人的な問題であると、個人に帰属することを防止して、いったん問題と個人を切り離しておく効果」です。

　セオドア・M・ポーターの議論を援用したように、一般に「データ」とは、個人の恣意性を超えて、「客観的だ」と多くの人々から認識されているものです。このデータが持つ「客観的だ」というイメージを用いながら、データが指し示す「自分たちの問題」をいったん客体視して、「お互いに責任をなすりつけ合う後ろ向きの議論」から遠ざけることができます。

　別の言葉でいえば、データは「問題と個人を、いったん（半身だけ）切り離す」と言ってもいいかもしれません。こうした効果によって、集団のなかでなかなか言いにくいことが「言える化」するのです。

　たとえば、次の３人の会話を見てください。
　こうした会話は、サーベイ・フィードバックの最中には、よく見受けられるものです。この３人は、自分たちの職場に関する調査結果を見ながら、その原因について話し合っています。

Ⓐ 「データでさ、職場のコミュニケーションが足りないって、なってる
　　よね」

Ⓑ 「はい。このデータを見ると、うちの職場はコミュニケーションが足
　　りなくなってるみたいですよ」

Ⓒ 「ほんとだ。経年で見ていくと、たしかにコミュニケーションの量が
　　減ってますね。あっ、うちの職場は、お互いに名前を知らない人もい
　　るっていうデータもでてますよ」

Ⓐ 「えっ、そう？……たしかに、そうだな。最近は中途入社も増えてる
　　からな。お互い声をかけようにも、名前がわからないこと、たしかに
　　あるし」

Ⓑ 「そうですよ。最近、忙しいし、お互いにコミュニケーションをはし
　　ょっていたところはありそうですね」

Ⓒ 「あるね……振り返っていて、色々思い当たるな」

Ⓐ 「そうだよな……じゃあ、これからどうする？」

　皆さんは、この会話に、どのような印象を持ったでしょうか。
　この一連の会話を見ると、この3人は、「自分たちに起こっている（自
分が当事者でもある）職場のコミュニケーション問題」を「客観的なデー
タ」に「代表」させているかのように感じます。つまり、**コミュニケー
ションが足りていない」のはAさん、Bさん、Cさんの3人の問題なのに、
そこから自分を半身だけ遠ざけ、客観的にそれを分析しています。**次の3
つの発言がその典型例です。

Ⓐ 「データでさ、職場のコミュニケーションが足りないって、なってる
　　よね」

Ⓑ 「このデータを見ると、うちの職場はコミュニケーションが足りなく
　　なってるみたいですよ」

Ⓒ 「あっ、うちの職場は、お互いに名前を知らない人もいるっていうデ
　　ータもでてますよ」

これらのＡさん、Ｂさん、Ｃさんそれぞれの発言を見ると、コミュニケーションが足りないのは彼ら自身が関わる問題なのに、**データを介することで、その当事者性が「半身」だけ失われていることがわかります。**

　しかし、一方で、この３人からは、職場のメンバーとしての当事者性がまったく失われているでしょうか。いいえ、そうではありません。

Ⓐ「お互い声をかけようにも、名前がわからないこと、たしかにあるし」
Ⓑ「お互いにコミュニケーションをはしょっていたところはありそうですね」
Ⓒ「あるね……振り返っていて、色々思い当たるな」

　これらの発言からは、当事者性が完全に失われていないことがわかります。この会話からは、今、職場で起こっている問題は自分たちの問題であると、３人は認識していることが見受けられます。

　　問題をいったん外在化する
　　半身の当事者性で、まずはデータに向き合う
　　半身の当事者性で、その後、自分たちに向き合う

　こうした機運が集団に生まれうるのが、データを介する意義なのです（図２－７）。

　このようにデータは「外在化効果」を発揮し、集団のなかに「言える化」の雰囲気をつくりだします。そのことによって、職場メンバーの建設的な対話が生まれるのです。

　データが存在することで職場メンバーは「今、話し合っていた問題は、データで見るとこうらしいよ」と提示でき、メンバーたちの目線を、いったんはデータに向かせることができます。そうすることで、自分たちが抱える問題とその当事者たちをいったん切り離すことができるのです。

　このやり方ならば、お互いがお互いを攻撃することもなく、議論が平行線になることもなく、オープンに腹を割って話し合いをすることができる可能性が高まります。

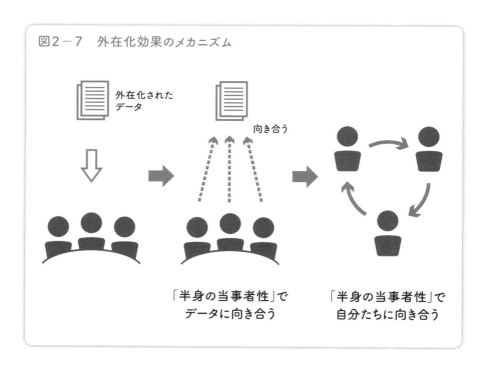

図2-7 外在化効果のメカニズム

外在化された
データ

向き合う

「半身の当事者性」で
データに向き合う

「半身の当事者性」で
自分たちに向き合う

　データの持つ外在化効果は、このように非常にパワフルなものです。そして、外在化効果の要諦で論じたように **「組織に起こっている問題を、安易に個人のせいにしない」という考え方は、サーベイ・フィードバックにとっては、非常に重要な考え方です。**

　職場やチームが「何らかの課題」を抱えてしまったとき、その課題を、安易に個人のせいにするのではなく、組織の仕組みや人間関係など、職場を規定する何らかの構造に求めようとする知的態度が、これからの組織をリードする次世代のリーダーにとっては重要です[27]。

　実際、組織で何か問題が起こったとき、個人に原因がある場合はほとんどありません。人間は、何かの行動を選択するとき、自分が埋め込まれている社会的な文脈によって制約を受けるものです。

27　「個人の知覚や行動」は、本人が埋め込まれている集団や社会の影響を多分に受けているという考え方は、20世紀の哲学である「構造主義」の思潮です。サーベイ・フィードバックも、その大本である組織開発も、構造主義の哲学の影響を多分に受けているように筆者には思われます。

たとえば、「若いＡくんは普段まったくしゃべらない。何を考えているかよくわからない」という問題があったとしましょう。こんな状況にでくわした際、多くの場合、「Ａくんのコミュニケーションに対する姿勢がなっていない」と、Ａくん個人に原因を求めがちです。

　しかし、実際には、「Ａくんが置かれている環境が、Ａくんにしゃべらないことを選択させている」ことが少なくありません。たとえば、この職場には、いまだに年功序列の風潮がはびこっていて、Ａくんはチームの最年少であるがゆえに、「ここでしゃべったら、経験の浅い俺はしばかれるかもしれない」と思っている、なんてことはよくあります。また、「自由闊達に議論をしてよい」と表向きはいうものの、実際に意見を口にしたら「若いくせに出しゃばるんじゃない」といってくる集団は、ままあります。
　要するに、個人の行動は、思っているよりも、個人の自由にはなりません。人はその個人が所属する職場、チームの影響を深く受けながら仕事をしているのです。

　サーベイ・フィードバックを志す人が持つべきマインドセットとして、

人は、「何もない状態」に生まれ、自由なのではない
人は、社会や集団の影響を受けながら、行為している

という考え方が非常に重要であるということです。

データがどれだけ正確でも　対話が生まれないと意味がない

　既述しましたように、1973年、ミシガン大学教授のデービッド・Ｇ・バウアーは、数ある組織開発手法のなかで、もっとも効果が高い手法が、「フィードバック・ミーティングありのサーベイ・フィードバック」であ

ることを明らかにしました[28]。これと類する指摘は、同じくミシガン大学の教授だったレンシス・リッカートも 1970 年代に提起しています。リッカートは、70 年代に組織調査を行い、その結果を集団にフィードバックすることを提唱した、「サーベイ・フィードバック」の創始者といえる人物ですが、**彼もまた「データをただ単にメンバーに伝えるだけでは物事が変わらない」ことを指摘していました。**

　70 年代当時は、科学万能の時代だったので、極端にいえば「（科学的に正しい手続きで取得された）データは万能であり、それさえ返せば、物事は変わる」と信じられていました。科学的に取得されたデータには、現実をコントロールできる可能性がある。1970 年代は、そのような素朴な科学万能主義、合理主義が信じられていた時代でもあったのです。

　しかし、数多くの組織研究を牽引（けんいん）していたリッカートは、社会科学の殿堂、ミシガン大学で、組織に対して様々な科学的研究を行いつつ、実際の組織においては科学万能主義が「幻」であることを知っていました。彼は、自らの研究を行っていくなかで、データそのものが現実を変えないことを経験的に知っていました。むしろ、**「サーベイの結果をマネジャーに知らせた後、マネジャーがその情報にどう対処するかによって、改善結果の良否が決まる」**ことに気づきました。

　具体的にいえば、マネジャーがサーベイの結果について部下と話し合う場合——とくにグループ討議というかたちで行う場合に、はっきりとしたプラスの変革があらわれたのに対し、マネジャーがサーベイの結果を部下と共有せず、また部下とともに組織改善をはかる変革計画を立てることができなかった場合、何の変化も起きないことを、ただちに見てとりました。それどころか、何の音沙汰（おとさた）もないという曖昧（あいまい）な状況に、部下が不満を持ってしまったというエピソードを残しています[29]。

28　Bowers, D. G. (1973) OD Techniques and Their Results in 23 Organizations: The Michigan ICL Study. The Journal of Applied Behavioral Science, 9(1), 21-43.
29　W・ウォーナー・バーク（著）小林薫（監訳）吉田哲子（訳）(1987)『［組織開発］教科書：その理念と実践』プレジデント社　P 27

このような研究結果を見ると、サーベイ・フィードバックをするときに、もっとも考えなければならないのは、サーベイをすることよりも、いかにフィードバックをするかであることに、今改めて気づかされます。

　HR テックが注目を浴び、多くの組織にサーベイが導入されはじめている現在、1970 年代にリッカートが鳴らしたこの警鐘に、もう一度耳を傾けたいものです。

なぜサーベイ・フィードバックは 今になって脚光を浴びたのか？

サーベイ・フィードバックが注目されてこなかった3つの理由

　本書は、サーベイ・フィードバックに焦点を絞った、非常に希有（けう）な書籍です。サーベイ・フィードバックについて、日本ではこれまで本格的に論じられた本が少ないことは、「はじめに」でも述べました。

　しかし、一方で、なぜ、これまでこのような書籍は存在しなかったのでしょうか。私は、その理由は下記の3点だと思っています。

---

1. 専門性のある人材の不足

そもそも人材開発・組織開発の高度プロフェッショナル教育が、日本ではこれまであまりなされてこなかったこと

2. 日本語に訳された教科書の不在

「組織開発の基本中の基本」とされるサーベイ・フィードバックは、海外の組織開発ハンドブックなどでは、必ずそれを論じた章が存在する。しかし、日本では、いまだにグローバルスタンダードのテキストが翻訳されていないこと

3. 対話型組織開発の隆盛

2000年代、サーベイ・フィードバックとは対照的だとされる「対話型組織開発」という方法が注目されたが、その注目の過程では、伝統的なサーベイ・フィードバックは「診断型組織開発」とイコールとされ「時代遅れ」と位置づけられる傾向があったこと

---

1. 専門性のある人材の不足

第一の理由は、「教育機関の不在」問題です。

人材開発・組織開発とは、経営学のなかでは、異端中の異端の、むしろ「学際的な研究領域」です。それは経営学、学習論、心理学などの数々の学問分野の知見を用いて生み出される、応用的かつ学際的な研究領域であり、我が国では、長く、これらの分野の大学院教育が行われることはありませんでした。

大学院教育の不在は、それを教える教員の不在、さらには、学部生・大学院生の不在を意味します。よって、これらの領域は、社会的なニーズは存在しつつも、教育機関で学ぶことはできず、実務の現場で経験的に学べる領域として位置づけられていました。我が国の雇用慣行が、ジョブローテーションを基本とした内部労働市場型の雇用であったことも、これを後押ししてしまったといえます。

これまで長いあいだ、人材開発・組織開発のナレッジを有するスペシャリストは非常に限られており、それはたまたま人事部にジョブローテーションで着任した方が、見よう見まねで経験のなかから学び取るものであったということです。

教育機関における教育が不在だということは、そこでの知識・スキルの習得は、体系的に行われるというよりも、実務者の経験に依存することを意味します。幸あって、サーベイ・フィードバックを行う経験を有する先達のもとで OJT などを受けた人はそれを学ぶことができますが、そうでない人は、スキル習得の機会が限られてしまうのです。

しかし、この動向に変化も生まれています。

2020 年、筆者のつとめる立教大学大学院 経営学研究科に、人材開発・組織開発・リーダーシップ開発を学ぶことのできる、はじめての大学院コース「リーダーシップ開発コース」が登場します（図２−８）。

この大学院では、サーベイ・フィードバックの具体的な手法について学

図2-8 立教大学大学院 リーダーシップ開発コース

出所：立教大学大学院 経営学研究科 経営学専攻 リーダーシップ開発コース https://ldc.rikkyo.ac.jp/

び、また、自ら、自分のクライアント組織に人材開発・組織開発を行う経験を積むことができます。今後は、この大学院を中心に様々なプロフェッショナル人材が生まれ、サーベイ・フィードバックに関する実践知が世の中に広まるものと期待されます。

2. 日本語に訳された教科書の不在

　第二の理由は、サーベイ・フィードバックの手法が、「人材開発・組織開発の基本中の基本」であることに起因します。

　組織調査や360度評価の調査など、組織のなかでは、様々な調査が行われています。その手法を、組織や個人にフィードバックし、行動変容を促すというアイデアは、実は人材開発・組織開発の基礎であり、あえて、これだけの項目で1冊の書籍が編まれることは、これまで多くはありませんでした。

　海外においてすら、サーベイ・フィードバックについては、いくつかの書籍が存在するだけです。むしろ、これらは人材開発・組織開発のハンド

ブックや専門書の序盤で論じられる「基本中の基」の内容でした。

　一方、日本では、これらのグローバルスタンダードのハンドブックや専門書が翻訳されることは、これまであまり多くはありませんでした。専門書も存在しないという状況も相まって、サーベイ・フィードバックは、知る人ぞ知る手法になってしまい、実務家の経験によってのみ伝えられる手法となっていたといえます。

　しかし、状況は大きく変わっています。

　近年、HRテックや、様々な測定技術が進歩し、職場の「見える化」に対するニーズが高まるにつれ、「見える化」するための最新テクノロジーを駆使した手法が、数多く組織に導入されるようになってきました。またエンゲージメント経営といった言葉も生まれるほど、従業員の離職防止・従業員の働きがい向上をめざした経営スタイルが、近年注目されています。

　これらのテクノロジーや経営の動向に対応するのは、かつてのように人材開発・組織開発を体系的に学んだ人々だけではありません。専門的知識のない現場の人々が理解し、用いる機会も増えつつあります。要するに、裾野が広がってきたのです。よって、本書のような、サーベイ・フィードバックだけを論じる書籍のニーズは上がっているといえます。

3．対話型組織開発の隆盛

　第三の理由は、サーベイ・フィードバックが組織開発の発展の歴史のなかで、2000年代以降、「時代遅れの手法」とみなされてしまったからだと筆者は考えています。

　組織開発の方法には、大きく分けて「診断型組織開発」と「対話型組織開発」という2つの潮流があります[30]　本書で扱う「サーベイ・フィードバック型の組織開発」は、前者の「診断型組織開発」の系譜に類するもの

30　中村和彦（2014）「対話型組織開発の特徴およびフューチャーサーチとAIの異同」『人間関係研究』（南山大学人間関係研究センター紀要），13, 20-40.

です。そして、この診断型組織開発は、対話型組織開発よりも、歴史的には30年ほど前に登場しています。

　しかし、詳細は別の書籍にゆずりますが、[31] このように伝統的な組織開発手法であるサーベイ・フィードバックですが、2000年代に入り、旗色が悪くなります。

「診断型組織開発」をアンチテーゼとした「対話型組織開発」という手法に、人々の注目が集まり、もともと診断型組織開発と同一の系譜にあるとされていたサーベイ・フィードバックが「仮想敵」のように語られがちな傾向がありました。

　1970年代から蓄積のあったサーベイ・フィードバックは、「時代遅れの手法」とされ、むしろ新たなパラダイムの手法においては、「乗り越えられるべきもの」として語られる傾向があったのです。

　対話型組織開発のエバンジェリストたちが、伝統的な診断型組織開発の手法に異を呈したのは、既述したように、その背景には、「科学万能主義」「客観主義」といったような世界観が存在しているためです。

　古典的な診断型組織開発では、収集したデータを、科学的に導かれた「組織状態の診断モデル」とよばれるフォーマットににあわせて整理し、組織の状態をコンサルタントが「診断」するといったことがよく行われていました。「組織状態の診断モデル」には「理想型」とよばれる組織の状態が仮に定義されており、そことの「ギャップ」において、現在の組織状態やコンディションが比較され、分析される傾向がありました。

　対話型組織開発のエバンジェリストたちは、ここに異を唱えます。彼らが提示した論点は3つです。第一に、組織の現実といったものは、科学的な手法によって数値によって代替されるべきものではなく、組織メンバーの意味づけによって構成されているものだと考えました。

　第二に、科学的に導かれた「組織状態の診断モデル」といったものも、

31　中原淳＋中村和彦（2018）『組織開発の探究——理論に学び、実践に活かす』ダイヤモンド社

非常に一面的な組織の捉え方であり、そのようなものは存立しにくいとも考えました。最後に、そもそも、組織を変えるとは、組織の理想型に照らした「ギャップ」を埋めるような作業ではなく、むしろ、組織構成員が「なりたい姿」「ありたい姿」を描き、そこに近づいていこうとすることである、と考えました。

　詳細は本書の範疇を超えるので専門書に譲りますが[32] この考え方の背景には、ポストモダンの哲学、社会的構成主義といった20世紀の人文社会科学の思想的潮流の影響を受けています。

　しかも最大の悲劇は、こうした「診断型組織開発」とは対照的な組織開発のあり方を「対話型組織開発」というネーミングで「呼称」してしまったことにあると思います。本来ならば、おそらく、この新しい組織開発のネーミングは「ポストモダン型組織開発」といってもよいのではないかと思います。しかし、実際に学術用語として流通してしまったのは「対話型組織開発」でした。ここに問題が生じます。

　対話型組織開発というネーミングからは、伝統的な診断型組織開発は「非対話型の組織開発（対話のない組織開発）」であることが、どうしても示唆されてしまうのです。これはミスリードを招きかねないネーミングです。本書で繰り返し見てきたように、診断型組織開発であっても、本来「対話」は必要です。

　しかし、このようなネーミングが流通してしまったがために、サーベイ・フィードバックには、「時代遅れ」という誹りにくわえて様々な誤解が飛び交うことになりました。たとえば「サーベイ・フィードバックは対話がない」「サーベイ・フィードバックは、診断結果を従業員に押しつける手法」といった誤解が、その典型的なものです。

32　中原淳＋中村和彦（2018）『組織開発の探究——理論に学び、実践に活かす』ダイヤモンド社

かくして、ある種の「診断型組織開発へのアンチテーゼ」として出てきた「対話型組織開発」が注目を浴びるにつれ、診断型組織開発や、その系譜上に存在していたサーベイ・フィードバックは、大きな打撃を受けました。その結果、サーベイ・フィードバックは、診断型組織開発のなかでも、もっとも科学合理主義に基づくものと一緒くたにされて、「時代遅れ」とされてしまいました。

　もっとも、組織に関する調査自体は廃れたわけではなく、「従業員満足度（ES：Employee Satisfaction）」を上げるための組織診断調査は盛んに行われてきました。しかし、それらを発注するクライアントの担当部署は、それがかつて存在した「サーベイ・フィードバック」であるとは、まったく考えていませんでした。

「自分たちはあくまで調査をしているだけであって、出てきたデータは経営陣・管理職の方で生かしてもらえれば良い」

　このように考える部署が多かったため、出てきたデータを現場の人にどう返すべきかという意識はありませんでしたし、そのためのノウハウも必要とは思われなかったのです。
　これが、サーベイ・フィードバックの知見をまとめた書籍が出されていない最後の理由です。「サーベイをいかに組織の活性化につなげるか」という視点が、歴史が推移するなかですっぽりと抜け落ちてしまったのです。

　本書は、サーベイ・フィードバックに関する最初の本として、そのノウハウを改めて現代の組織に提供する役割を果たしていきたいと考えています。

組織に「理想型」はあるか？

「完全無欠の組織」という幻想？

　1970年代に流行し、一度は色あせたものの、再び流行りはじめている組織論の考え方があります。それは、「組織は、理想型に向かって、段階を追って進化していく」という理論です。具体的に言うと、

・組織には、必ず理想的な型がある
・その理想型に向かう段階で、いくつもの発達タイプを経由しながら、線的な発展を遂げていく

という理論です。

　しかし、私を含め多くの組織論者は、この考え方には「懐疑的」である人の方が多いと思います。なぜなら、この種の理論は、「外部のものさしにしたがって、組織は理想的に発展するはずだ」という考えをベースにしていますが、実際、組織のあり方やその発展の形は、業種や業界の市場環境、あるいは直面している課題などに大きく依存するからです。つまり、組織の発展を指し示す「1つのものさし」は存在しない、という立場をとる研究者の方が多いと思います。

　たとえば、「組織は、理想型に向かって、段階を追って進化していく」という理論を信奉する人々は、hierarchical（階層的）な組織をアンチテーゼにしがちです。反面、すべての従業員に意思決定の権限を与えるような組織が「理想型」だと考えます。

　しかし、実際の組織を見つめてみれば、組織のあり方は「状況依存（コンティンジェント）」です。組織がいかにあるべきかは、業種や企業の体質によっても異なります。端的に言えば、「組織がいかにあるべきか」を決

めるのは「戦略」であり「市場」であり「環境」なのです。否、大切なこ
とを忘れていました。組織のあり方の未来を決めるのは、組織のメンバー
なのです。

　組織は、その組織に合った形で、発展させていくことがベストです。そ
してそのあり方は、内部の人々が、自分の組織にまつわる様々な情報や環
境を洞察しながら、自己決定していく他はありません。
　そのためには、サーベイ・フィードバックが役立ちます。組織の現状を
「見える化」した上で、関係者同士で対話をして、「自分たちはこうありた
い」という組織のあり方を、外部の物差しに頼らず、自分たちで決めるこ
とが大切です。

Column ④

ひとりぼっちの「孤独なデータ」は
価値を生み出さない

あなたの会社のデータは「おひとりさま化」していないか？

過去に私や私の研究室のメンバーは「大量にデータがあっても、それらが1つのIDで紐付いていないために分析できない」という状況に何度も出くわしてきました。そのうえで確信を得たことの1つが、

「孤独なデータは価値を生まない」

ということです。さらに言い換えると、

「データはデータとつながって、はじめて価値を生み出す」

ということもいえそうです。

どんなに大量のデータを取得していても、固有のIDで紐付けられていないデータは「孤独なデータ」です。孤独なデータから、意義ある活用を行うことは大変に難しいものです。

一方、採用データや人事評価データ、ストレスチェックデータや研修受講データが、もし相互に「固有のIDで紐付けられて」いたら、

・どういう採用過程を経た人が、組織への初期適応に成功するのか？
・どういうマネジャーが率いる職場が、ストレス値が高いのか？
・どのような研修を受けたマネジャーが、部署の業績が高いのか？

といった様々なことがわかる可能性があります。実にもったいないことです。

しかし、最近は、こうも思います。もしかするとデータというのは、放

っておくと孤独になり、「おひとりさま化」するものなのではないか、とも感じているのです。つまり、常日頃から収集を行い、整理し、分析して相互に紐付けるプロセスを継続的に、しかも、かなり意図的に行わない限りは、宝の持ち腐れになってしまうのかもしれません。

あなたの会社のデータは「孤独」になっていませんか？

第 3 章

効果的な
サーベイ・フィードバックの
プロセス：前編

〜サーベイの実施と職場の見える化〜

サーベイ・FBの第1フェイズ：
サーベイの実施と「見える化」
氷山モデルで理解する「コンテントとプロセス」

　本章からは、いよいよ「サーベイ・フィードバック」の具体的な方法について見ていきます。第1章でも述べたように、「サーベイ・フィードバック」は、次の3つのステップを踏むのが基本です。

【第1フェイズ】サーベイの実施
　①「見える化」……サーベイを通して、普段は見つめていないチームや組織の課題を「可視化」する

【第2フェイズ】フィードバック・ミーティングの開催
　②「ガチ対話」……見える化した組織的課題に、チーム・関係者全員で向き合い、その問題の解決・解消をめざして話し合う

　③「未来づくり」……これから自分たちの組織・チームをどうしていくかの「未来」を、当事者たちが「自分ごと」として決め、アクションプランをつくる

　本章では、このうち「サーベイをいかに行うのか」──すなわち①「見える化」について論じていくことにしましょう。
　まず前段の「見える化」とは、自分のチームや組織が抱えている課題の本質を、「目に見える形」にすることです。組織やチームの課題の多くは、普段はなかなか顕在化していません。また、これまで誰も意識をしていなかったけれど、実は課題だった、ということもたくさんあります。
　このことを説明するとき、サーベイ・フィードバックの世界ではよく図3−1のような「氷山モデル」が使われます。そして、その説明の際には

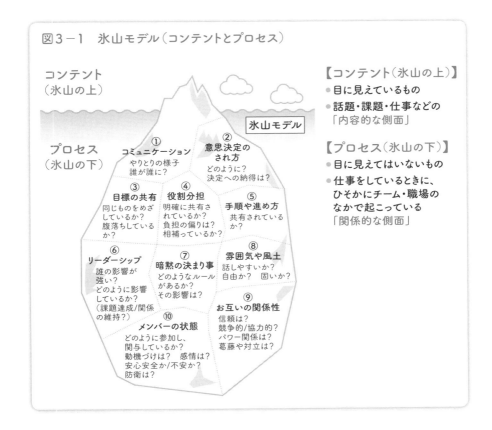

図3-1　氷山モデル（コンテントとプロセス）

コンテント
（氷山の上）

プロセス
（氷山の下）

氷山モデル

① コミュニケーション
やりとりの様子
誰が誰に？

② 意思決定のされ方
どのように？
決定への納得は？

③ 目標の共有
同じものをめざしているか？
腹落ちしているか？

④ 役割分担
明確に共有されているか？
負担の偏りは？
相補っているか？

⑤ 手順や進め方
共有されているか？

⑥ リーダーシップ
誰の影響が
強い？
どのように影響
しているか？
（課題達成/関係
の維持？）

⑦ 暗黙の決まり事
どのようなルール
があるか？
その影響は？

⑧ 雰囲気や風土
話しやすいか？
自由か？　固いか？

⑨ お互いの関係性
信頼は？
競争的/協力的？
パワー関係は？
葛藤や対立は？

⑩ メンバーの状態
どのように参加し、
関与しているか？
動機づけは？　感情は？
安心安全か/不安か？
防衛は？

【コンテント（氷山の上）】
● 目に見えているもの
● 話題・課題・仕事などの
「内容的な側面」

【プロセス（氷山の下）】
● 目に見えてはいないもの
● 仕事をしているときに、
ひそかにチーム・職場の
なかで起こっている
「関係的な側面」

「コンテント」と「プロセス」という２つの専門用語が用いられます。

　まず「氷山モデル」とは、「組織が抱えている問題状況（氷山の上）」と、「組織が抱えている問題状況を生み出している要因（氷山の下）」を模式的にあらわした図です。

　いま氷山は、「氷山の上」の「目に見える部分」と、「氷山の下」の「目に見えない部分」からできています。そして、多くの氷山がそうであるように、目に見える「氷山の上」の下には、それより広大な容積を占める「目に見えない部分」があります。氷山の上に見えている部分は全体のほんの一部でしかなく、海中にもぐってみると、想像よりはるかに巨大な氷の塊（かたまり）が海の底の方まで深く続いているのです。

組織の課題に関しても、これと同じことがいえます。つまり、何か問題があったとき、その原因は表面的に見えているものだけではありません。**むしろ「見えていないもの」こそが、実際にその組織が「課題」として向き合わなくてはならないことの方がよっぽど多いのです。**

　サーベイ・フィードバックの世界では、この「氷山の上」において表現されているものを「コンテント」、「氷山の下」に存在しているものを「プロセス」といいます。

　ここで**「コンテント」とは、「目に見えているもの」です。**たとえば、組織が抱える問題、課題、仕事などの「内容的な側面」があげられます。これは、「氷山の上」に出ている部分なので、非常に目で見て確認しやすい特質を持っています。多くの会社・組織においては、タスクやプロジェクトの成果などを示す言葉だと理解するとよいかと思います。

　一方で**「プロセス」とは、「目には見えてはいないもの」です。**たとえば、仕事をしているとき、ひそかに職場やチームのなかで起きている「メンバーの関係性的な課題」などがあげられます。通常は「氷山の下」に存在している部分なので、多くの会社・組織では、あまりスポットライトがあたりません。

　しかし、確実に「氷山の上＝コンテントの世界」を支えているのが、この「氷山の下＝プロセスの世界」なのです。

本当に大切なものは「どこにある」のか？

　有名なサン゠テグジュペリの小説『星の王子様』に出てくる台詞（せりふ）に、こんなものがあります。

たいせつなことは、目に見えないんだ
What is essential is invisible to the eye.

氷山の下にある組織の「プロセス」に思いを馳せるとき、私は、いつも、この言葉を思い出します。組織のなかで「たいせつなこと」は、「目に見えない」のです。サーベイ・フィードバックの「見える化」とは、普段は「目に見えない」、「たいせつなこと」を、組織メンバーの眼前に「浮かび上がらせ」、それに沿った対話を行うきっかけをつくることです。

　別の言葉でいえば、**サーベイ・フィードバックとは「目に見えないものとの対峙（=confrontation）」**です。職場のメンバーは、普段は目を背けている自分の職場の現実に、サーベイを通して向き合うことになります。

　それでは、サーベイによる「見える化」は、いかに行えばいいのでしょうか。既存の研究、また、私の研究室の経験から、次の５つのポイントがあると考えています。

　１．組織にフィットしたサーベイを選ぶ
　２．相手本位の立場で、データの質にこだわる
　３．回答を求めるときに、データの取得の目的を伝える
　４．タイムリーに見える化する
　５．サーベイ慣れに注意する

これ以降、順を追ってこの５つのポイントについて見ていきましょう。

あなたの組織にフィットする「サーベイの選び方」

サーベイの種類と特徴を把握しよう

　まず重要なことは、「見える化」の手段として、自分の組織にフィットしたサーベイを選ぶ、ということです。第2章で見てきたように、サーベイにはそれ自体に「コレクション効果」というものが存在します。コレクション効果とは、「どのような質問項目を用いてサーベイを行い、データを取得するのか」を決めた瞬間に、すでに、「組織が、どのようなものを望ましいと考えているか」をメンバーに伝えてしまっているという効果です。

　この意味で、実は「サーベイ」とは「メッセージ」です。どのようなサーベイを選ぶか、どのような質問項目をそこに込めるかで、組織において何が重要かを、従業員に伝えてしまっているからです。

　では実際に、サーベイ・フィードバックでは、どのようなサーベイが用いられるのでしょうか？

　まず、大きく分けると、サーベイには、「会社独自に作成したサーベイ」と「市販されているサーベイ」の2種類があります。そして、それぞれには図3-2に示すようなメリット・デメリットがあります。

　まず「会社独自に作成したサーベイ」のメリットとして、組織の戦略に紐付いた「ベストなサーベイ」を自由に作成できる、という点があげられます。先にサーベイとは「メッセージ」であると書きましたが、サーベイは質問項目を設定し、データをコレクションするだけでも、ある種の教育効果を持っています。このコレクション効果を最大限に活用することができるのは、会社独自のサーベイのもっともよいところです。

　しかし、会社独自のサーベイは、信頼性を確保できるサーベイを作成す

図3－2　独自に作成したサーベイと市販サーベイの比較

【会社独自に作成したサーベイ】

メリット	デメリット
• 組織の戦略に紐付いた調査を行うことができる • コレクション効果を最大限活用できる • 自由に設問を追加できる	• 信頼性に問題がある可能性がある • 質問紙を作成し、分析できる専門家が社内にいない場合がある • 他の組織との比較ができない（同じ組織内では職場ごとの比較ができる）

【市販されているサーベイ】

メリット	デメリット
• 結果を業界単位、企業単位などで、他の組織と比較できる • 信頼性は担保されている場合が多い • データ収集から分析までお任せできる	• コレクション効果は薄い • 自由に設問は追加できない • 不要な質問項目が入る場合がある

るために、自前で質問紙を作成し、それを分析する専門家を社内に設ける必要があります。もちろん、コンサルタントに外注することもできますが、それ相応のコストがかかります。かつ、最大のデメリットは、同業界の他の会社や組織などをベンチマークとした比較・分析が行えないことです。

　これに対して、「市販されているサーベイ」のメリットは、専門家によって作成され、信頼性が確保されていることです。また、サーベイの結果を、業界や企業ごとにベンチマークを設定し、自由に比較・分析できることもメリットの1つです。

　デメリットとしては、他の企業も使う質問項目を用いるので、コレクション効果はあまり期待できないことです。また、自由に設問を追加することができないことが多く、自組織にとって必要ではない質問項目やデータも含まれてしまうことがあげられます。

　理想をいえば、質問紙は、既存のものを使うよりも、自分たちでオリジナルのものをつくるのがベストだと思います。質問紙をつくっていくプロ

セスとは、結局、「この組織はどんな姿でありたいのか」「この組織は何をめざすのか」を、組織内のメンバーで考えていくプロセスに他なりません。**質問紙をつくること自体が、組織にとって大切なことが何かを考えていくことなのです。** よって、こうしたプロセスを組織メンバーで経験することは、組織を強くすることにつながります。

　その一方で、会社独自のサーベイには、難癖をつけてくる人もいます。私の経験上、理系で、数字に強くて、しかしながら、会社や職場の方針に対して一家言持っている人に、そうした傾向があるように思います。
　人は、変革に対して抵抗するとき、最初にデータの信頼性を攻撃して、ちゃぶ台をひっくり返そうとします。

「この調査、そもそも意味ないんじゃないの？」
「この調査は、科学的にどうなのかな？　信頼性が検証されてるの？」

　というような指摘がそれにあたります。こうした抵抗に反論できるようにしておくためには、会社独自のサーベイの信頼性を高めておくことも必要です。会社独自のサーベイとはいえ、外部のコンサルタントや、社外の研究機関の支援をあおぐことも、その対策の１つになります。あるいは、かつて大学などで心理学や社会学を専攻し、質問紙調査法を経験していた社員の協力をあおぐことも、その１つでしょう。

現場マネジャー向けのポイント

自分でサーベイをつくることは可能か？

　意欲の高い現場マネジャーの方のなかには、「自分で質問紙をつくりたい」と考えている人がいるかもしれません。サーベイに予算がとれないからつくらざるを得ない、という人もいるでしょう。

本文でも述べたように、自分1人だけで質問紙をつくるのは簡単なことではありません。質問項目は、メンバーへのメッセージ。「この質問に対してどう思うか?」と問うのは、現場のメンバーに「こういうことをしてほしい」と言っているのと同じですが、このような「コレクション効果」をもたらすためには、細心の注意を払って質問項目を作成する必要があります。

　どうせそれにチャレンジなさるのであれば、それをマネジャー1人で行わず、現場のキーマンたちを巻き込んで行うことも一計です。あるいは、これからに期待のできる若手をグループにして、プロジェクトを組ませてもいいかもしれません。つまり、質問紙をつくるということをきっかけにして、職場にリーダーシップを生み出すのです。

　その際、大切なのは次のようなことです。

　まずは、「何のためにサーベイをするのか」という目的をはっきりさせ、自分がメンバーに発したいメッセージを明確にします。そのうえで、メンバーにも同様の内容でディスカッションをしてもらい、組織のあるべき姿、組織の理想を明らかにしていきます。

　もしゼロからつくるのが難しければ、自社で行われている既存の質問紙を見ていきながら、求めているサーベイに近いものを見つけていくことも一計です。

　可能であれば、サーベイの仕事をしている人事や営業企画の人から客観的なアドバイスをもらったり、社会学・心理学・経営学などを専攻したことのあるメンバーに協力してもらうことも1つの手です。

　いずれにしても、せっかく自職場でサーベイをつくるのであれば、1人で行わず、サーベイをつくっていくプロセスそのものをリーダーシップの発揮だと捉え、志ある人々を巻き込んでいくこともよいでしょう。

相手本位の立場で、データの質にこだわれ！

サーベイの質を左右する「7つの視点」

　読者のみなさんが、会社で実施するサーベイを選択できるポジションにあり、「どのようなサーベイを選べばいいのか」について悩んだ場合、次の7点に留意すればいいと思います[33]。

　端的に、その要旨を述べるのならば、**サーベイを選択するときは「相手本位」で考える**ということに尽きます。

```
1. 組織に「関係があるデータ」を含むサーベイを選ぶ（Relevant）
2. 理解できる分析結果を返すサーベイにする（Understandable）
3. イメージしやすい質問項目が並んだサーベイにする（Descriptive）
4. 要点がまとまっているサーベイにする（Summarized）
5. 信頼できるサーベイとする（Verifiable）
6. 短くシンプルなサーベイにする（Short and Simple）
7. 比較群のあるサーベイにする（Comparative）
```

1.　組織に「関係があるデータ」を含むサーベイを選ぶ（Relevant）

　まず組織の問題や、回答するメンバー自身に関係がない質問項目を含むサーベイは選ばないようにしましょう。組織が抱えている課題とまったく関係のない質問項目に答えることほど、苦痛なことはありません。**「自分が答えることで、今いる職場や仕事が改善するな」とメンバーが思えるような質問項目のあるサーベイを選びましょう。**

33　下記を参考にしつつ、筆者の経験をまじえて7つのポイントとしました。
Cummings, T. G. and Worley. C. G. (2009) Organization Development and Change, 9th edition. South- Western Cengage Learning, 139-150.

2. 理解できる分析結果を返すサーベイにする（Understandable）

データ収集・分析というと、多変量解析や重回帰分析といった、高度な分析手法を使いたがるサーベイ担当者、サーベイ会社があります。しかし、はっきり申し上げて、高度な分析や集計資料は「自己満足」に終わることが確率的には高いと思います。なぜなら、サーベイ結果を受け取る側は、ほとんどの場合「素人」なので、いくら高度な分析によって数値やモデルが出てきても、その意味を理解できないことが多いからです。

たとえば、標準偏回帰係数（β）や相関係数（r）といった統計を修めた人しかわからないような統計量（難しい数値）を現場にフィードバックしても、現場は理解できません。相手に伝わらなければ、サーベイの意味がありません。**サーベイ・フィードバックとは徹底的に「相手本位」であるべきです。**

したがって、メンバーがすぐに解釈できるデータを選んで使うべきです。「5をつけた人が30％いた」くらいの単純なもので良いのです。さらに、グラフや表、イラストなどを用いて、それらのデータをひと目で理解できるようだと、さらに良いでしょう。**サーベイは「いかにわかりやすく見せるか」なのです。**

3. イメージしやすい質問項目が並んだサーベイにする（Descriptive）

次に、質問項目は、それを読んだ人が想起しやすい「具体的な行動」が思い浮かぶような項目にしておくことが大切です。なぜなら、その方が**フィードバックを行ったときにも、行動を変えやすくなるから**です。

たとえば、「うちのマネジャーとはウマがあわない」という質問項目と、「うちのマネジャーは不公正な行動をする」という質問項目があるとしましょう。このどちらが研修で使いやすいかというと、後者です。なぜなら、これは、「具体的な行動」を示したデータだからです。

後者は「あなたは、こういう行動をしていますよね」と具体的に指摘できるので、指摘された側もその行動を直せば良いでしょう。一方、前者だと、「ウマがあわないメンバーもいるみたいですね」と言われたところで、行動に基づかない意見なので言われた側も納得がいかないし、指摘後も目

に見えるカタチで修正できません。

　このように、具体的な行動に紐付いた質問項目にしておかないと、せっかくデータをとっても、行動変容につながらないのです。

4. 要点がまとまっているサーベイにする（Summarized）

　サーベイする前に「不安だから」といって、質問項目をなるべく多くとっておいて、それをすべて返せば良い、という考え方はひかえた方がよいと思います。**取得するデータの量が多すぎると、そもそもサーベイへの拒絶反応が高まる可能性があります。**サーベイを行うときには、必ず要点を絞るようにしましょう。

5. 信頼できるサーベイとする（Verifiable）

　これは当たり前の話ですが、調査結果が信頼できるかどうか、もっといえば、「現場に返すデータにミスがないかどうか」には、細心の注意が必要です。なぜなら、データや集計プロセスに少しでもほころびがあると、「このデータは、すべて間違っているのでは？」とメンバーが疑いを持ちはじめ、**調査に反対する人に、恰好の反論材料を与えてしまうことになるからです。**とりわけ、プロフェッショナルや数字に強い人ほど、自分にとって「不都合なデータ」に対して、手続きの不備をついた「反論」を行い、「不都合なデータ」そのものを無にしたりする傾向があります。

　信頼できる研究者、調査会社が行っているサーベイであれば、質問項目を定期的に更新したりして、精度をあげているものです。

6. 短くシンプルなサーベイにする（Short and Simple）

　サーベイを選ぶ際の指針としては、なるべく短くシンプルであることを優先しましょう。昨今は働き方改革も進行しているので、会社で行っている長時間労働是正の取り組みに悪影響を与えてもいけません。**具体的な目安としては、10〜20分以内です**（パルス・サーベイの場合、10問以内が望ましいと思います）。

　回答するのにあまりに時間がかかると、メンバーのモチベーションが下

がります。また、たくさん質問に答えたのに、フィードバックされる項目
が少ないと、「あんなにたくさん答えたのに、これだけしか反映されない
のか？」と、メンバーの不満のもとになります。

7．比較群のあるサーベイにする（Comparative）

「あなたの職場の風通しの良さは 4.7 ポイント」「あなたの職場の働きや
すさは、5.8 ポイント」など、調査結果を示したフィードバックシートに
は、それぞれの項目に数値が書かれています。しかし、この数値だけを見
ても、それが良いのか悪いのかはわかりません。仮に 10 点満点の評価で
6 点だったとしても、他の職場では軒並み 4 点台だったとしたら、かなり
高い点数だといえます。すなわち、サーベイでは、数値だけを表示されて
も、受け取る相手は良いのか悪いのかの判断ができないのです。

　組織のよしあしは、他の組織との「差異」によってしか認識されないの
です。

　したがって、サーベイの結果をしっかりと読み取るためには、自分たち
のデータと近似するような比較グループ（ベンチマーク）の存在が必要で
す。
　比較グループは、様々なかたちでつくりだすことができます。たとえば、
市販サーベイの場合には、業界の競合他社を比較対照群としてベンチマー
クに設定してくる場合もあります。独自サーベイならば、全社平均、他の
近似する職場の平均との比較などを提示することもできます。あるいは、
時系列順での比較もできるでしょう。いずれにせよ、単一のデータを返す
のではなく、良いか悪いかの基準を示した比較群を用意することがポイン
トです。

あなたはデータを取得する「目的」を伝えていますか?

企業のなかでは、様々なサーベイが行われています。そして、**組織調査に回答を求められるときには、誰でも、大なり小なり、センシティブになるものです。** 多忙ななかで回答を迫られることに関するいらだちもあります。また、回答した結果がどのように用いられるのかが不明なことに対するモヤモヤもあるでしょう。さらに、回答した結果、自分のデータが流出して、あとで非難されたり、マネジャーから嫌がらせを受けるのではないか、といった不安がよぎります。まず、回答者は、一般に「怒り」「モヤモヤ」「不安」の感情にさいなまれやすいことを自覚する必要があります。

サーベイとは、なされる側からすれば「巻き込まれ事故」のようなものです。それは、突然、多くの人々の時間を奪い、ともすれば自己を危険にさらす可能性を持つものです。

よって、多くの場合、メンバーはサーベイを「拒否」したり、不安を抱いたりします。いわゆる「サーベイ拒否」という現象です。あるいは、本当のことを回答せずに、うわべだけの回答を行います。これが「サーベイ形骸化」とよばれる現象です。

立教大学中原研究室には、様々な組織からデータが寄せられます。組織にもよりますが、ひどい場合には、それらのデータのうち4分の1のデータは、回答傾向に偏りがみられるか、ないしは、信頼性に問題が残っているデータであることも少なくありません。その程度は組織に依存します。このようなデータをいくら収集し、いくらフィードバックを行っても、組織のなかに建設的な議論は生まれません。

それでは、どのようにして、サーベイに対するメンバーの拒絶反応、形骸化反応を減じればいいのでしょうか。

まず、もっとも重要なのは、**サーベイを行う目的・理由・必要性の説明責任をしっかり果たす**ことです。特に留意しておくべきは、次の5点です。

1. なぜ、何の目的で、サーベイを実施するのか？
2. なぜ、今、サーベイを行うのか？
3. サーベイには、どのような負荷が生じるのか？
4. サーベイをやった先に、どんなメリットがあるのか？
5. サーベイで取得したデータは、どのように用いられるのか？

人事や経営企画が主導してサーベイを行う際には、このような内容をしっかりと組織メンバーに語っておく必要があります。さらに、実際は、現場のフロントラインで組織メンバーに対峙するのは管理職なので、管理職への目的・必要性などの説明も、メンバー以上にしっかりと行っておく必要があります。管理職が実施する意義を見出せないサーベイに、メンバーが意義を見出すことはごくまれです。

あなたの指示は「突然の御触書」に なってしまっていませんか？

たいていの企業では、人事関連で、何か新しいことをはじめるときには、「常に説明が不足している」といっても過言ではありません。ほとんどの場合、人事部の方から、「御触書<ruby>御触書<rt>おふれがき</rt></ruby>」のように、何らかの人事関連施策をはじめることが突然通知されます。

ひどい場合には、社員への人事施策の通知に関して、「表記のことについて、よろしくお取りはからいください」とだけ書かれてあるようなメールを送りつけてくるケースもあります。メールの添付ファイルに具体的な手続きが明示されたメールが送信されるだけで、あとは何の説明もありま

図3-3　あなたの指示は「突然の御触書」になっていないか?

せん。これで「組織が動く」と思っている方が、不思議に思えます。

　実際、**サーベイを行うことに関しても、メンバーへの説明が不足している職場は少なくありません。**

　たとえば、数年前、企業におけるストレスチェックが義務化されましたが、今、ビジネス街を歩いているサラリーマン100人に、「なぜストレスチェックをやっているか」「ストレスチェックの結果は、どのように活用されているのか」を聞いても、その大半が答えられないでしょう。多くの会社では、しっかりとした説明をしないまま、ストレスチェックが導入されているのです。

　社員のなかには、「ストレスチェックに回答すること自体が、ストレスだ。なんで回答しなきゃいけないのか、全然わからないよ」と内心思っている人は少なくありません。「ストレスだと答えたら、産業医の診察を受けなければならないから、面倒くさい」と不調を隠して、何もなかったことにする人も続出するでしょう。

したがって、サーベイに関しても、その目的・必要性をしっかりと伝えないと、この「二の舞」になってしまうのです。あらゆるサーベイ・フィードバックは、目的・必要性・メンバーの関心をケアできない限りにおいて、すべて頓挫する運命にあるといっても過言ではありません。

目的をメンバーに「うまく伝える」秘訣とは？

　データ取得の目的を理解してもらうためには、もう1つ大切なことがあります。それは、日頃からメンバーとコミュニケーションをとり、信頼関係を築いておくことです。
　逆にいえば、信頼関係が築かれていないと、いくら言葉を尽くして、データ取得の目的を伝えても、メンバーは必ず警戒します。「なぜ急に職場診断をしようなどといいはじめたのか？」と思われるのが普通ですし、「正直に答えていいのだろうか」「非難するようなことを書いて、個人名がバレたら嫌だな」などと疑念を持たれてしまうと、ちゃんと答えてくれなくなります。

　これを健康診断にたとえれば、これまで健康診断で何もいってこなかった医師から、ある日突然呼び出されて、「今日すぐに検査施設に行って、MRIを撮ってくれ」といわれるようなものです。誰だってあやしむと思いませんか？
　信頼関係を築くためには、最低2〜3か月に1回程度は1on1をして、メンバーの課題や対策などを日常的に話しておくことも一計です。

データはタイムリーに
フィードバックせよ！

フィードバックの原則は「なるべく早く」

　データは収集されたら、**ただちに集計・分析し、すぐにフィードバックすることが必要です。**素早く返さないと、情報の鮮度が落ちて、ムダになってしまうことがあります。

　現在の企業・組織においては、素早く職場・プロジェクトチームの再編が行われるところが多いものです。そのような組織にあっては、チームアップ時に取得したデータは、そのチームが存在するあいだに返さなければ、管理者・リーダーとしては、何の意味もありません。

　サーベイ・フィードバックにおいては、既述したように「高度な分析」は必要ありません。高度な分析のために時間をかけるくらいなら、タイムリーに分析をすることの方が、とても重要です。

現場マネジャー向けのポイント
サーベイやフィードバックをいつ実施すべき？

　サーベイ・フィードバックは「タイムリーにフィードバックする」ことに加えて、「どのタイミングでサーベイやフィードバックを行うか」も重要です。

　サーベイもフィードバックも、適切なタイミングで行わないと、効果がまったく期待できなくなります。

　たとえば、サーベイは、チームのメンバーが変わったばかりの期初に行っても、「まだ何もわからないから答えようがない」となりますし、期末に行うと、そのフィードバックをする時には、期が変わると

同時にメンバーや目標が変わってしまっていて、「それは前期の話だよね」となって現メンバーに響きません（図3－4）。

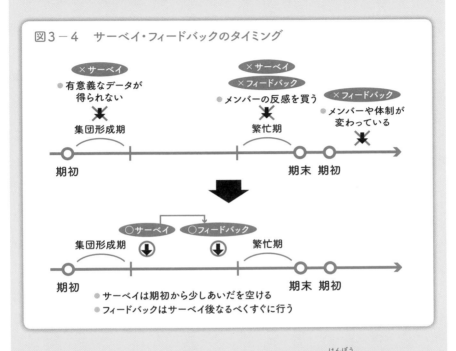

図3－4　サーベイ・フィードバックのタイミング

×サーベイ
●有意義なデータが得られない
集団形成期

×サーベイ
×フィードバック
●メンバーの反感を買う
繁忙期

×フィードバック
●メンバーや体制が変わっている

期初　　　　　　　　　　　　　　　　　　　　　期末　期初

○サーベイ　　○フィードバック
集団形成期　　　　　　　繁忙期
期初　　　　　　　　　　　　　　　　　　　　　期末　期初
●サーベイは期初から少しあいだを空ける
●フィードバックはサーベイ後なるべくすぐに行う

　また、サーベイかフィードバックの、どちらかが繁忙期にひっかかると、「このクソ忙しいのに、やっていられない」とメンバーからの不評を買うことになります。だから、サーベイ・フィードバックを行うときは、年間スケジュールのなかで、いつ行うのがもっとも効果的かを考えましょう。
　ベストなのは、そのチームのなかである程度の人間関係が形成されてきた頃に、サーベイを行うことです。部署にもよりますが、期初から数か月経った頃が適切でしょう。そしてサーベイを行ったら、できるだけ早くフィードバックを行います。サーベイ・フィードバックにおいては、「いつ行うか」も非常に重要な問題なのです。

データの効果が半減する「サーベイ慣れ」に要注意!

長く効率的にサーベイを行うために

「サーベイ慣れ」とは、**社員や職場メンバーが、何度もサーベイを行ううちに、同じ質問項目への回答に過剰適応してしまい、正確な測定が行えなくなってしまうこと**をいいます。こうした状況を防止するために、定期的にサーベイのあり方、サーベイの選択がこのままでよいのかを振り返り、場合によっては変えていく勇気を持たなくてはなりません。

　一般に、サーベイを最初に導入するときは、組織内には、様々なハレーションが生まれます。しかし、サーベイも、2回、3回と続けると、メンバーもだんだん慣れてきます。これが「サーベイ慣れ」です。最初に思っていた初期的な葛藤はなくなりますが、サーベイがマンネリ化してきます。

　サーベイがマンネリ化すると、サーベイをやっている目的も、次第に薄まっていきます。最初にどんなに熱心に説明したとしても、2〜3回目には100%忘れ去られています。これをそのままにしてサーベイを続けていると、すぐに形骸化してしまいます。それを防ぐには、**調査をする目的やメリットを、毎回、初回ぐらいのつもりで説明する**ことが必要です。そうでないと、いくら「見える化」しても、その見える化したデータの意味がメンバーに伝わらないからです。

　むしろ、近年は、パルス・サーベイ（パルス：心拍のように高頻度で取得される短いサーベイのこと）の隆盛によって、繰り返しデータを取得することが頻繁に行われるようになってきています。たしかに、パルス・サーベイは、頻度が高い分、「今現在の組織コンディション」を可視化することには長けているといえます。

　しかし、一方で、パルス・サーベイが現場に「サーベイ慣れ」を生み出

している組織もあるため、注意も必要です。また、次章で述べるように、その結果をしっかりフィードバックできない場合には、あっという間に形骸化してしまいます。パルス・サーベイを導入するときには、この点にも留意してください。

サーベイを「マンネリ化」させる発言とは？

　現場マネジャーが注意したいのは、サーベイを自らマンネリ化させるような発言をしないことです。

　多くの人が言いがちなのが、「毎年やっている調査なので、例年通り、ちゃちゃっと答えておいてください」と調査の重要性を低めるような発言です。メンバーから反発を受けることを恐れるあまり、つい腰の引けた発言をしてしまいがちですが、どんなにそれまでの流れが順調でも、この一言でサーベイが台無しになってしまいます。

　そもそも、どのような施策を職場で展開するときでも、マネジャーは次の3つの観点から、サーベイをやる「目的」や「意義」をしっかり伝えましょう。

　1.「Why now?（なぜ今なのか？）」
　2.「Why do?（なぜやるのか？）」
　3.「Why us?（なぜ私たちなのか？）」

　具体例をあげると、「今、このような問題が職場で起きています（＝Why now?）。この問題の原因を正確に把握するために（＝ Why do?）、私たち自身がこの問題の解明に取り組まなければならないのです（＝Why us?）」といったような具合です。マネジャーがメンバーに対してこのようなことを伝えなければいけない、という意識があれば、自ら「真面目にやらなくていいよ」なんて発言は出てこないはずです。

サーベイに関する知識はメンバーも必要？

　サーベイ・フィードバックを導入する時には、メンバーにも「サーベイ・フィードバックとは何か？」を知ってもらっていると、よりよい結果を得られるかと思います。メンバーもサーベイ・フィードバックの意義やポイントを事前に理解できるので、その後の進行が比較的スムーズになるからです。

　おすすめなのが、「サーベイ・フィードバックとは何か？」が見てパッとわかる資料をメンバーに見せることです。サーベイを取る前の段階でその資料を配ったりしておくと、手短に説明できますし、ハレーションが起きにくくなります。

　図3−5は、横浜市教育委員会と中原淳研究室の共同研究で、サーベイ・フィードバックを現場の教職員の方々に導入したときにつくったスライド資料（の一部）です。「サーベイ・フィードバックとは何

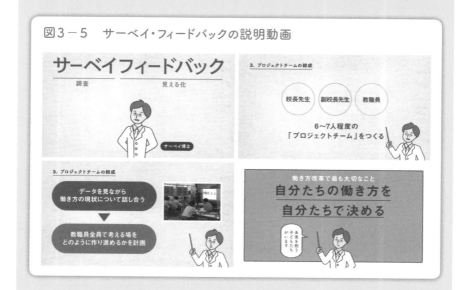

図3−5　サーベイ・フィードバックの説明動画

か？」「どのように進めるか」「結局、何が一番大事なの？」といった基本的なことを、10分程度の動画で簡潔に説明しています。

　この動画をサーベイを取る前に先生方に見ていただいたところ、スムーズに導入できました。もしみなさんがされる場合は、動画でなくても良いので、この本の内容を参考に、簡単に説明資料をつくってみるのもいいでしょう。

組織変革はいかにして
進行するのか?

レヴィンとコッターのモデルの共通点

　組織変革はどのようにして起こり、どのようなプロセスで進行するのか。組織変革には、いくつかの変革モデルがあります。そのうち、**よく引用されるのが、「レヴィンのモデル」と「コッターの8段階モデル」の2つです。**

　まず、「レヴィンのモデル」とは、「組織が変わっていくときには、解凍→変革→再凍結という3つのプロセスが必要」とするモデルです。

1.「解凍」

　組織は、多少、人員の入れ替わりがあっても、問題なく存在できるよう、体制や業務プロセス、システムなどが固定されています。それこそが組織が組織たる所以（ゆえん）なのですが、変革をするときには、そうした固定された組織のあり方を解凍するプロセスが一番最初に必要になります。

2.「変革」

　組織を新しい体制に移行していくための具体的なアクションを促すプロセスです。メンバーにアクションを促すうえでは、何らかの形でビジョンを提示することが重要といっています。

3.「再凍結」

　変革した内容を、しっかりと組織のルーティンのなかに落とし込み、定着させて習慣にしていくプロセスです。場合によっては、人事システムや評価制度、研修などの教育制度に、変革した内容を落とし込んでいきます。

　次に引用される頻度が高いのが、「コッターの8段階モデル」です。

これは組織を変革していくための、リーダーシップのあり方を示したモデルで、次の8つのプロセスをたどります。

　1）危機意識を高める（センス・オブ・アージェンシー）
　2）変革推進のための連帯チーム（コアチーム、変革チーム）を築く
　3）ビジョンと戦略を生み出す
　4）変革のためのビジョンを周知徹底する
　5）従業員の自発を促す（自発的にビジョンに従って行動する）
　6）短期的成果を実現する（スモールステップで早く成果が出るものを実現）
　7）成果を生かして、さらなる変革を推進する
　8）新しい方法を企業文化に定着させる

　私は、レヴィンとコッター両方のモデルに首肯するのですが、一方で、この2つのモデルには一番大事なところが抜けていると考えています。
　それは組織変革を行う際には、まず「見える化」を行うことです。レヴィンの「解凍」にしても、コッターの「危機意識を高める」にしても、それ以前に、

「Why do?（なぜその組織を変えていかなければならないのか）」
「Why now？（なぜ今立ち上がらなければならないのか）」
「Why us？（なぜ私たちがやらなければならないのか）」

を把握し、その目的と意義がメンバーの腹に落ちていないと、組織のメンバーは納得して動きません。ですので、組織変革の第1ステップとしては、「組織が今どんな状況にあるのか」「組織がどういう方向に変わらなければならないのか」というイメージを「見える化」して、示す必要があります。「見える化」を通して、メンバーのなかに目的と意義を打ちこむのです。
　このような「見える化」に寄与するのが、サーベイ・フィードバックです。本気で組織変革をしたいならば、その前にサーベイ・フィードバックを行うことが不可欠です。

第4章

効果的な
サーベイ・フィードバックの
プロセス：後編

～フィードバック・ミーティングの実施～

サーベイ・FBの第2フェイズ：
フィードバック・ミーティングの実施

「ガチ対話」「未来づくり」の実践的ポイント

　前章では、サーベイ・フィードバックの第1フェイズである「見える化」について論じました。続くサーベイ・フィードバックの第2フェイズは、「フィードバック・ミーティング」の開催、すなわち「**ガチで対話を行い、自分たちの未来を自分たちで決めていくこと**」を試みます。

【第2フェイズ】フィードバック・ミーティングの開催

②「**ガチ対話**」……見える化した組織的課題に、チーム・関係者全員で向き合い、その問題の解決・解消をめざして話し合う

③「**未来づくり**」……これから自分たちの組織・チームをどうしていくかの「未来」を、当事者たちが「自分ごと」として決め、アクションプランをつくる

　サーベイは、これまで「組織診断」とも言われてきました。この「診断」という言葉のイメージから、サーベイは「回答さえすれば、自動的に何らかの正解や改善策を示唆してくれるもの」と勘違いされることがあります。

　しかし、本書で繰り返して述べているように、サーベイ自体は何の正解も改善策も出してくれないことが多いものです。サーベイは単に、組織や職場の現実を「見える化」するだけであり、改善策は自分たちで考え、決めていかなければならないのです。

　その「自分たちで考え、決める」プロセスこそが、サーベイ・フィードバックの第2フェイズである「フィードバック・ミーティング」なのです。

サーベイ・フィードバックは、会社や職場によって主催者・主導者が異なりますが、主に次の４つのパターンが考えられます。

　　１．本部の経営企画や人事、組織開発部隊
　　２．事業部の部門人事（営業企画や営業推進部）
　　３．意識の高いマネジャー
　　４．外部のコンサルタント会社

　しかし、このうちほとんどのケースで、実際のフィードバック・ミーティングのファシリテーターを務めるのは、「現場マネジャー」です。

　１や４のケース、あるいは２のケースで、部署の人間関係が極度に悪化している場合などは、組織開発の専門家がファシリテーターを行うことがあります。しかし、ほとんどの場合は、現場マネジャーがファシリテーターをする、と考えておいた方が良いでしょう。

　だからこそ、経営企画部や人事部は、現場マネジャーとの連携が必要なのです。もちろん、現場マネジャー自身もフィードバック・ミーティングをどう進めていくかについてのスキルや知見を高めておくことが必要になるのだと思います[34]。ここからは、それについて学んでいきましょう。

34　近年の人事施策は、1on1 にしても、サーベイ・フィードバックにしても、現場のマネジャーが果たす役割が大きくなっています。現場のマネジャーはただでさえ忙しいのにもかかわらず、その役割や負担が大きくなっているのは非常に大きな問題です。これには、抜本的な改善、サポートが必要になると筆者は見ています。
　中長期には、現場のマネジャーの処遇や給与をさらに高めていくことが重要になると思います。日本の管理職の給与体系は、ただでさえグローバルなマネジャーの給与と比べて、あまり高いとは言えません。マネジャーの仕事を「魅力的なもの」にしない限りにおいて、「マネジャーになりたい人」は少なくなります。
　また、マネジャーの役割を見直し、人と組織の観点から、彼らをサポートする人を現場に配置する動きも広まりつつあります。いわゆる「事業部人事」「HRBP（Human Resource Business Partner）」という役割です。事業部人事、HRBP の役割がうまく機能すると、1）各種人事制度の現場における展開支援、2）評価の調整、3）現場における組織開発などをマネジャーとともに進めることができます。事業部人事というと、これまでにもそうした人材を配置していた企業も少なくないですが、その仕事の多くは、1）現場の組合対応、2）現場の労務対応・トラブル対応ではなかったかと思います。
　今後、グローバル化していく社会において、「事業部人事」「HRBP」が果たす役割が大きくなります。彼らの仕事を、いかに高度化していくことができるかが、重要になります。

本章では、このフィードバック・ミーティングを具体的にどのように行っていけばいいかを、図4－1に示す6つのステップで論じていきます[35]。

図4－1 フィードバック・ミーティングの6つのステップ

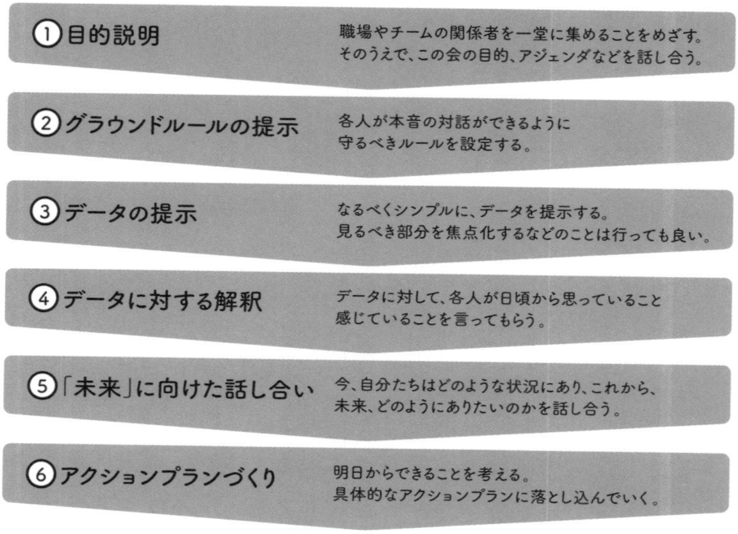

① 目的説明	職場やチームの関係者を一堂に集めることをめざす。そのうえで、この会の目的、アジェンダなどを話し合う。
② グラウンドルールの提示	各人が本音の対話ができるように守るべきルールを設定する。
③ データの提示	なるべくシンプルに、データを提示する。見るべき部分を焦点化するなどのことは行っても良い。
④ データに対する解釈	データに対して、各人が日頃から思っていること感じていることを言ってもらう。
⑤「未来」に向けた話し合い	今、自分たちはどのような状況にあり、これから、未来、どのようにありたいのかを話し合う。
⑥ アクションプランづくり	明日からできることを考える。具体的なアクションプランに落とし込んでいく。

フィードバック・ミーティングを成功させるには、この6つのステップをどのように進めていくのか、しっかりと準備することが大切です。

---

35 このフォーマットは、組織開発の世界的な教育・研究センターであるNTL（National Training Laboratory）のフィードバック・ミーティングの手順を、日本の実情にあわせ、少しだけ筆者が改変してつくったものです。

ステップ1.
目的説明

関係者を一堂に集めて、目的を共有する

まずフィードバック・ミーティングをはじめる前に非常に重要なことがあります。それは、フィードバック・ミーティングでは、職場やチームのステークホルダー（利害関係者）を、**なるべく同じタイミングで1つのテーブルにつかせる**、ということです。

何をフィードバックするかも重要ですが、
誰にフィードバックするかはより重要です。

何を語るかも重要ですが、
誰と語るかがクリティカルなのです。

もし仮に、職場メンバーの一部の関係者だけを集めただけの会だと、あとで声がかからなかった人が「私は聞いていない」と不満を持ちます。もちろん、そのミーティングにキーマンが巻き込まれていないと、のちのち様々な不都合が生まれます。すると、せっかくフィードバックを行っても、納得感はもちろん、そのメンバーからの信頼も失ってしまいます。

したがって、その組織の変革に関係するメンバーおよびステークホルダーは、このフィードバック・ミーティングに可能な限り全員集めることが大切です。

全員を集めてミーティングを行う一番簡単な方法は、わざわざフィードバック・ミーティングだけの機会を設けるのではなく、**定例ミーティングの一部を割いて、フィードバック・ミーティングを行うことです。** そのなかで30分ほど時間を割く程度なら、わざわざ別個に日程調整するなど、

メンバーの負担を増やすこともないので、真剣に取り組んでくれるでしょう。

　フィードバック・ミーティングが効果を発揮するためには、職場が次の条件を満たしている必要があります。

　　1．同じ目標を共有している
　　2．日常的にやり取りがある
　　3．仕事に相互依存関係がある

　これらを満たせる職場の人数は、5〜10人といったところです。1人のマネジャーが管理できる範囲（Span of control）は7人までといわれていますから、多くてもそれよりも＋2〜3人程度でしょう。

　それよりも、フィードバック・ミーティングの人数が多くなると、建設的な話し合いが難しくなる可能性が高まります。その場合には、次のような方法で対処すると良いでしょう（図4-2）。

1. 複数回に分けて行う

　フィードバック・ミーティングを一度で終わらせようとせずに、何回かに分けて行います。そうすることで、1人ひとりがしっかりと考え、発言する機会も設けられるので、オーナーシップを持てるようになります。

2. ワーキンググループをつくって段階的に行う

　最初に、職場のなかから何人かメンバーを選抜し、そのワーキンググループ（ファーストサークルといったりもします）で、サーベイの結果をフィードバックし、話し合います。このワーキンググループでは、職場全体にいかに変革の機運を高めていくのかについての作戦を練ります。その後、そのワーキンググループがオーナーになって、職場全体に話し合いの輪を広げていきます。

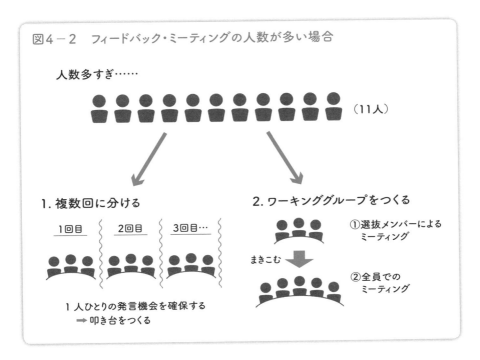

図4－2　フィードバック・ミーティングの人数が多い場合

人数多すぎ……

（11人）

1. 複数回に分ける

1回目　　2回目　　3回目…

1人ひとりの発言機会を確保する
➡ 叩き台をつくる

2. ワーキンググループをつくる

①選抜メンバーによる
　ミーティング

まきこむ

②全員での
　ミーティング

　いずれにしても、最終的にはすべてのステークホルダーが関与したと言える状況で、話し合いを進めることが重要です。

ミーティングはなるべく一度で終えるべき？

　現場のマネジャーからすると、フィードバック・ミーティングは1回で終わらせたいというのが本音だと思いますが、実際には1回で終わることはほとんどありません。

　職場を変えるということは、大変な根気がいる行為です。たった1回のミーティングで結論が出て、一発で変わるはずがありません。「ワンショット・ミーティング」はあり得ないのです。

何度もミーティングを重ねていると、マネジャー以上に現場のメンバーから嫌がられることもあります。それを防ぐためには、段階的に話し合いを行うことを、早いうちにメンバーに伝えておくことも大切です。

　全員が同じテーブルについたところで、いよいよフィードバック・ミーティングの開始です。ここで最初に行うべきは「目的説明」、つまり「**なぜこの会を行うに至ったのか**」その目的をメンバーに打ち込むことです。

　繰り返し述べていることですが、サーベイを行うにしても、それをフィードバックするにしても、なぜそれを行う必要があるのか、なぜその必要性があるのかを、上司やファシリテーターが「自分の声で」述べることがもっとも必要なことです。この「目的説明」の際には次のステップ（と会話例）の通りに進行します。

　　1．ねぎらいと感謝
　　2．目的の説明
　　3．スケジュールの説明
　　4．各人へのメリットの説明
　　5．ねぎらいと感謝（再）

以下、それぞれのステップの発言例を示しましょう。

1．ねぎらいと感謝

Ⓐ 「忙しいのに、今日は集まってくれてありがとうございます。また先日は、サーベイに答えてくれてありがとう」
Ⓑ 「皆の日頃の頑張りで、職場には……といったよい成果がでています」
Ⓒ 「今日は、先日、皆が職場で回答してくれたサーベイに関して、その結果を皆で見ながら、話し合いを行いたいと思います」

2. 目的の説明

Ⓐ 「今日、サーベイの結果を皆で見るのは、職場のコミュニケーションや役割分担をより円滑にして、職場の成果を高めるためです」

Ⓑ 「職場の問題は、メンバー全員で対策を話し合い、皆で決めていくことが重要です。今日は忌憚(きたん)のない意見を聞かせてください」

Ⓒ 「私としては、今日の話し合いに……といった期待をしています。お互いの意見をまずは相互に受け入れ、よりよいかたちを見出していきましょう」

Ⓓ 「全員の意見が取り入れられるかどうかはわかりませんが、なるべく高みをめざしていければと思っています」

3. スケジュールの説明

Ⓐ 「これから……くらいの時間をかけて、このミーティングを行います。最初に〇〇〇を行い、その次に△△△をします。最後は□□□を行います」

Ⓑ 「最終的に、このミーティングを終えたときには……といった成果や取り決めが生まれているといいと思っています」

4. 各人へのメリットの説明

Ⓐ 「今日、忙しい時間を割いてでも話し合ってもらう理由は、これから職場に……といったメリットが生じると考えているからです。また、メンバー個人の働き方についても……といったメリットがあるはずです」

5. ねぎらいと感謝（再）

Ⓐ 「最後に、今日は忙しいところ集まってくれてありがとうございました。このミーティングを通して……といった成果が生まれることを願っています」

　最初に留意したいのは、サーベイのフィードバック・ミーティングは**「ねぎらいにはじまり、ねぎらいに終わる」**ということです。普段の業務

だけでもとても忙しいにもかかわらず、サーベイに協力してくれて、さらにこのフィードバック・ミーティングにまで集まってくれた職場メンバーに、しっかりと「ねぎらいの言葉」を伝えます。

　そのうえで、「目的の説明」「スケジュールの説明」「各人へのメリットの説明」の3つを行います。要するに、「このようなミーティングがなぜ必要で、何をどのくらいの期間でめざしていて、これが達成されると、どんなよいことがあるのか」を明示していきます。

　さらに注意しておきたいポイントは、「目的の説明」のセリフにもあるように、**「全員の意見が叶えられるかどうかはわからない」と、はっきり述べることです。**実際に、全員が100%納得する結論を導くのは不可能です。そのなかで一定の共通認識・ルールを自分たちで決めるのが、フィードバック・ミーティングなのです。

「全体のバランスを考えなければならないので、全員の意見を反映するのは難しいかもしれない。しかし、できるだけ多くの人の意見を反映し、お互いの考えの違いがどこに起こったかは明らかにしつつ、なるべくみんなの意見が反映された働きやすい職場をつくっていきたい」といったことは、この段階で伝えておくべきだと思います。

ステップ2.
グラウンドルールの提示

本音で対話するためのルール設定

「グラウンドルール（Ground Rule）」とは、会議などで、各人が本音で建設的な対話ができるように、全員で会議の前に確認し合う、全員が守るべきルールです。グラウンドルールには、下記のようなものがあります。

1. **積極的に聴く**
   相手の意見に耳を傾け、積極的に聞く態度を示す。

2. **いったん受容する**
   相手の意見をいったん受け入れる。

3. **批判厳禁**
   相手の意見を批判しないようにする。

4. **わからないことは質問する**
   モヤモヤしたことがあったとき、わからないことが生じたときは、どんなことでも質問する。

5. **肩書き厳禁**
   今日は職位、肩書きに関係なく、自分の本音で話す。

6. **時間厳守**
   全員が気持ちよく過ごすためにも、ミーティングの時間は厳守する。

7. 悪者探しをしない

問題を個人のせいにするのではなく、メンバー全員の問題と考える。個人に責任をなすりつけるようなことはしない。

8. 発言はここにおいておく

今日、この場で発言したことは、日頃の人間関係には持ち込まない。

これらのルールはあくまで例ですので、すべて守らなければならない、というものではありません。しかし、このようなルールを適宜組み合わせて、安心して話すことのできる「場」をつくりだすことが求められます。

とにかく大切なことは、**勇気をもって発言したのに、それが原因で個人が不利益を被るようにならないことです**。実際のフィードバックがはじまる前に、心理的安全性の高い場をつくりだすことは、何よりも重要です。

ちなみに、フィードバック・ミーティングでは、サーベイの「見える化」を通じて、お互いにこれまで「気づかなかったこと」や「想定外のデータ」に向き合うことがままあります。すると、厳しい意見やネガティブな意見もポンポン出てくるので、普段の職場でのコミュニケーションとはかなり異質な雰囲気になる可能性があります。

このような場で率直なコミュニケーションを可能にするためには、メンバー同士に一定の信頼関係が樹立されている必要がありますが、それがまだ確立していない場合に、フィードバック・ミーティングを行う必要があることもあります。そうした場合には、ここでアイスブレーキング課題を出して、メンバーの関係を調整したりすることも有効です。

たとえば、実際の現場でもっともよく行われているのは、ネガティブなことに向き合う前に、**お互いのメンバーの「よいところ」を言い合ったり、自分たちの組織の「よいところ」をあげ合ったりするなどして、ポジティブな感情を持たせる**ことです。ネガティブな情報に向き合うためには、ま

ずは、信頼関係やポジティブな感情を持たせてから、次にそれと向き合う
ように段取りすることも重要です。

心理的安全にまつわる「大きな誤解」とは?

　最近、「心理的安全（Psychological Safety）」という概念が、人事・
人材開発・組織開発の領域で、よく語られるようになりました。

　心理的安全とは、もともと、ハーバード・ビジネス・スクール教授
で組織論の研究者であるエイミー・エドモンドソン氏が1990年代に
提唱した概念です[36]。エドモンドソン氏は、心理的安全性が高いチー
ムであればあるほど、チームが学べて、パフォーマンスにつながるこ
と、それを生み出すためには、チームリーダーの支援型のリーダーシ
ップが必要であることを明らかにしました。2010年代にグーグルが
この概念に着目し、自社データを用いて研究したことから、よく知ら
れるようになりました。

　しかし、日本では、この「心理的安全」の意味が間違って解釈され
ていることが少なくありません。たとえば、日本では、心理的安全が
下記のように解釈されている傾向があります。

「チーム全員がゆったり働ける環境をつくること」
「成果ばかりを追い求めない環境をつくること」
「できるだけ仲良くすること」

　皆さんもこのように解釈していませんか?　そうだとしたら、完全

36　Edmondson, A. (1999) Psychological Safety and Learning Behavior in Work Teams.
Administrative Science Quarterly, 44(2), 350-383.

に間違いではないにしても、本来の意味からはかなりズレています。「心理的安全」の本来の意味は、「チームのメンバーが、リスクをとった発言や言動をしても、対人関係上の亀裂が生じない」ということにあります。要は、チーム内で言いにくいことを正直に口に出したとしても（Speak up したとしても）、そのことで他のメンバーから刺されたり、吊るし上げられたりしない、ということです。

　心理的安全という概念の背景には、「成果を出すために、チームの皆が常日頃からリスクをとっている」という前提があります。成果を出していくためには、言い出しにくいことや厳しい指摘も時として必要になります。そうした環境のなかでメンバー間にコンフリクトが生まれることを防ぐセーフティーネットとして、「心理的安全」という概念が出てきたわけです。

　こうしたことを踏まえると、フィードバック・ミーティングにおける「心理的安全」も、「なぁなぁで話を済ます」「仲良くする」という意味ではないことがおわかりいただけるでしょう。「リスクのある発言をしたとしても、その人を吊し上げたりしない。出る杭を打たない」。そのようなノーブレームカルチャー（No blame culture：責めない文化）をつくることこそが心理的安全であり、現場マネジャーの役割といえます。

　そう考えると、マネジャーが絶対にやってはいけないことは、マネジャー自ら、リスクをとった発言をしたメンバーを吊るし上げることです。メンバーが言いにくいことを発言してくれたときに、それを責めたりすることなく、むしろ「言いにくいことを言ってくれてありがとう」と伝えるのです。
　そんなマネジャーの一挙手一投足を、メンバーは注意深く観察して学習しています。こうした態度をマネジャー自らが率先して示し続けることが、心理的安全の場をつくり上げるうえでは不可欠です。

ステップ3.
データの提示

データの提示は、様々な方法で行われます。外部のコンサルタントが入っている場合だと、プレゼンテーションが行われる場合もありますし、マネジャーがやっている場合だと、人事や経営企画や組織開発部門から配布されたフィードバックシートを渡して、それを職場のメンバーに解説していくパターンもあるでしょう。

ここでは、より一般的だと思われる後者のケースを想定して、データの提示の方法を考えていきます。

具体的な手法に入る前に、まず確認したいことは、

データの提示とは「心理戦」である

ということです。すなわち、データをメンバーに提示していくプロセスを重視するサーベイ・フィードバックにおいて、もっとも参加者の緊張感が高まるところであり、心理的拒絶が生まれる瞬間だということです。

人は誰しも、自分が含まれているサーベイの結果に関心を持っています。そのデータの提示の仕方が悪いと、あっという間に「心のシャッター」をガラガラと閉ざしてしまうのです。

ナドラーによると、サーベイ・フィードバックを受けるメンバーは、一般に次のような感情を抱くといいます[37]。

37　Nadler, D. A.(1977) Feedback and Organization Development: Using Data-Based Methods. FT Press.

1. **不安**

   これから何が起こるかに関する不安

2. **恐れ**

   フィードバックの結果、どんな報復や攻撃が起こるかに関する恐怖

3. **自己防衛**

   1の不安、2の恐れのために思わず自己防衛に走りたくなってしまう

4. **希望**

   一方で、これまでの閉塞感(へいそくかん)が打開されるのではないか、何か良いことが起こるのではないかという希望・期待

　ここで重要なのは、参加者が必ずしもすべてネガティブな感情を持っているのではなく、ポジティブに期待や希望を感じている部分もあるということです。したがって、実際のフィードバック・ミーティングでは、参加者が抱く、このアンビバレンツ（両面的な）感情にうったえながら、データをフィードバックしていきましょう。

　もっともやりがちなミスは、「フィードバックシートに書いてあることを、何の工夫もせずに、そのまま全部読んでしまうこと」です。たとえば、図4-3のようなフィードバックシートを、いくら結果がまとまっているからといって、何の準備もせずに読んでしまうことは避けましょう。

　さて、それではフィードバックシートを前に、私たちは、いかにそれを現場のメンバーに提示ができるでしょうか。**大切なことは、データすべてをメンバーの前に羅列(られつ)するのではなく、「フォーカス」をあてて「ストーリー」をつくり、途中にベンチマークを挟みながら、めざすべきところを**

図4-3　フィードバックシート例

● フィードバックシート例：OD-ATLAS

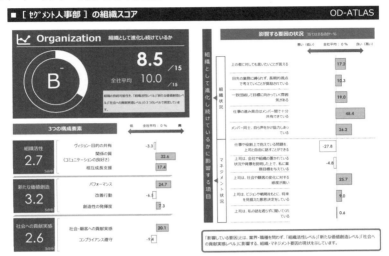

● フィードバックシート例：WPL

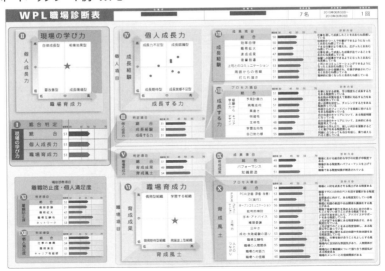

上図出所：中原淳監修　パーソル総合研究所「OD-ATLAS（職場の見える化による組織開発ツール）」

下図出所：中原淳・松尾睦開発「WPL職場改善診断」ダイヤモンド社

提示することです。

　その際、次の4つのポイントに留意してください。

　1. フォーカスをあてて、ストーリーづくりをする
　2. ベンチマークをつくる
　3. 自己を呈示する
　4. データをけなして信じさせる

ポイント1　フォーカスをあてて、ストーリーづくりをする

　第一に留意するべきことは、既述したとおり、フィードバックシートのデータを、単にそのまま読み上げないことです。データのなかで注目してほしいところを決めて（フォーカスをあてて）、そこに至るまでの「ストーリー」をつくって、それに準じた解説を行うのです。

　その際に重要なのは、「**まずポジティブな要素に注目させて、次にネガティブな要素に注目させる**」という「ポジからネガへ」の原則です。これは、メンバーに対して、いきなり核心を突くネガティブなデータを返してしまうと、心のシャッターをガラガラと閉じられてしまい、聞く耳を持ってくれなくなってしまうからです。だから、最初は、ポジティブなデータに着目させます。たとえば、次のような感じです。

　「これから職場のデータを見ていきましょう。まず、皆さん、それぞれで数分ご一読ください」
　（数分後）
　「皆さん、読み終わりましたか？　そのうえで、少し私から解説させていただきます。
　　まず皆さんに注意を向けていただきたいのは、Aの項目です。Aは、皆さんが日頃から行っている○○の成果がでています。
　　また、Bの項目にもご注目ください。Bは、実は1年前の調査では、あまり結果がよくありませんでした。しかし、皆さんが相互に配慮を行っていただいた結果、Bにも改善が認められました。

これらの数字には、日頃の成果が如実（にょじつ）にあらわれています。本当に
ありがとうございます」

　このように、ポジティブな結果が出ているＡの項目、Ｂの項目に着目さ
せたあと、それに関するねぎらいや感謝を述べます。こうして、メンバー
とラポール（信頼関係）を築いた後、以下のように続けます。

「この職場には、ＡやＢのように、良いところは多々あるのですが、
その良いところを持続させていくためにも、私たちの職場の課題につ
いても見ていきたいと思っています。ちょっと気になるデータがある
ので、そこを見ていきましょう」

　このように、「ポジからネガへ」の話題の転換を行い、本題に入ります。

　ここで重要なのは、**実際の会話のなかで「ネガティブ」や「悪いとこ
ろ」といった悪い意味合いを持つ言葉を、極力使わないことです。**こうし
たネガティブワードを多用していると、メンバーは心のシャッターをガラ
ガラと閉じてしまいます。私は、こうしたネガティブワードを「ガラガラ
シャッターワード」と呼んでいます。
　ここでは「課題」「気になるデータ」という表現を使って、相手の心理
的ハードルを下げています。ここで、「ネガティブな側面」「悪い部分」な
どといってしまうと、とっさに身構えるメンバーが出てくるからです。

　もう１つ大切なことは、「課題」や「気になるデータ」に着目する理由
づけです。ここでは、「課題」や「気になるデータ」がダメだから、それ
をただすために見直そうという流れではなく、**先ほど皆で確認した「よい
ところ」を持続させるためにこそ、「課題」や「気になるデータ」に向き
合いましょう、という意味づけをしています。**
　ここでファシリテーターは、ネガティブデータを「ポジティブな部分を
持続可能にするために、向き合った方がいいデータ」というふうに意味づ

けながら、相手の心理的障壁を下げているのです。

　このように、「データの提示」とは、単純に「フィードバックシート」を手渡すことではありません。

　「データの提示」とは、

　1．フィードバックシートのデータのなかで、注目すべき点を絞る行為（フォーカスする行為）

　2．メンバーがデータを受け入れるためのストーリーをつくって、それをお届けする行為（デリバラブルにする行為）

のことをいいます。

　別の言葉でいえば、データの提示とは、

データを基にした、マネジャーやファシリテーターの「ストーリーテリング」

なのです。

　データの提示のときにもっとも大切なことは、現場の人々が、データを受け入れ、物事を前に進めることができるようなストーリーを提示することです。

　したがって、すべてのデータを、逐一（ちくいち）深掘りしていく必要はないのです。組織のメンバーが注目する必要のあるデータ、自分の職場にとって大切だと思われるデータにフォーカスを当て、むしろそのデータを受け入れてもらうためにどうするべきかを考える方が重要です。

ポイント2　ベンチマークをつくる

　ベンチマークをつくるとは、データを話すときには、わかりやすく何かの比較対照となるグループ（対照群）を用いて話す方がいい、ということです。たとえば、自分の職場の平均値の高低を論じるときに、その数値だけに着目しても、それが高いのか、低いのか、自明ではありません。

数値は、それぞれ他の対照群と比較したときにはじめて、その数値が持つ意味の輪郭がはっきりしてきます。フィードバックシートのなかに、「全社平均・各部署平均」「過去10年間のデータ」などの比較対照群があれば、それと自分の職場のデータとを関連付けて話せばよいでしょう。

　たとえば、

> 「Cの項目ですが、これは実は、我々の職場と全社平均との違いがもっとも大きく開いている項目になります。一方、Dの項目は、たしかに数値は低いのですが、これは全社平均と比べると、さほど遜色はありません」

　このように、**意味は「違い」「ズレ」によってのみ、立ち現れるのです。データ提示において、差異とは「意味」です。**

ポイント3　自己を呈示する

　データを提示する際には、ファシリテーターは極力、客観的にデータを示していきます。しかし、ここで課題になるのは、自己をどの程度呈示するか、という問題です。これは、相手との関係や、相手にどの程度の気づきを与えたいのか、失敗したときにどのようなリスクがあるのかといった情報を勘案したうえで、慎重に決める必要があります。

「ファシリテーターは、自己の考えや感情をまったく反映しないで、黒子に徹する」というやり方があります。この場合、何か不測の事態が起きるリスクはもっとも低いでしょう。しかし、このやり方では、相手の解釈の枠組みを超えるような気づきを与えることも非常に難しいものです。

　一方、「ファシリテーターは、自分の考えや感情を積極的に反映していく」というやり方があります。この場合は、相手の解釈の枠組みを超えるような気づきを与えることもできますが、同時に、相手から反発をまねくこともあります。

そうすると、結局はケース・バイ・ケースの対応を行うほかはない、という結論になりがちなのですが、何の考えもなく、自己を呈示しすぎたり、あるいは呈示しなさすぎたりすることは避けた方がいいと思います。

これはバランスを取ろうとしたうえでの一案ですが、たとえば、次のように**数値への思い入れを語ってみることも一計かもしれません。**

> 「私としては、Eの項目が高いことに特別の思い入れを持っています。これは、前年度の組織診断で、皆で克服すべき課題だと決めたところだからです。実際にこの点が改善されたことを、とてもうれしく思います。それに対して、Fの項目が低いことには、格別の課題感を感じています」

現場マネジャー向けのポイント

マネジャーはどれくらい「自己呈示」すべき?

マネジャーが自己呈示をするかしないか、感情を出すか出さないかの判断は、一概にはいえず難しいところです。1つだけアドバイスをするなら、迷ったときは、「自己呈示によって、はたして成果が出るのかどうか」を判断基準とすると良いでしょう。

マネジャーの仕事は「メンバーに仕事をしてもらい、成果を残すこと」です。そう考えると、すべての判断基準は「成果が残るかどうか」であるべきです。

だから、もし自分が本心では思っていないことでも、それによって成果が出ると判断すれば、私は、いうべきだと思います。

「そんなのズルいじゃないか」「人間的にどうなんだ」と思う人もいるかもしれませんが、マネジャーとは「人間の資質」ではありません。マネジャーとは「役割」です。そして、マネジャーの仕事は「感情労働」です。

相手の感情を動かそうとするならば、時には「役割演技」が必要です。場合によっては、気持ちがのらないことでも、成果を残すために、いわなくてはならないこともあるのです。

データを提示する段階の最後に、私がおすすめしているのは、「データは所詮データなので、鵜呑みにはできませんが」と、**データをいったんけなすこと**です。なぜ、このようなことをするのかというと、ここでデータの信頼性をいったん「けなすこと」で、**職場メンバーを過剰に「角に追い込むこと」がなくなるからです。**

もしそこに提示されたデータが完璧で、すべての現実を「写像」したものだとすれば、その現実の当事者であるメンバーには「逃げ場」がありません。ですので、相手がこのデータに反論したり、意味づけを行ったりする「隙間」を、あえて残しておくのです。さらにそのうえで、

> 「データはデータですが、それも現実かもしれません。しかし、現実をどのように受け取っているのか、それが本当にどんな課題なのかを、みんなの力で考えていくことが必要です。皆さん、どう思いますか?」

とまとめて、ボールをメンバーに渡します。そのようなかたちで、メンバーから意見を募ることで、その後、メンバーは感じたことを素直にいいやすくなるはずです。

ここでデータ提示のステップは終了です。ここからは、ボールがファシリテーターからメンバーへと渡ります。次は「データの解釈」のステップへと進みます。

ステップ4.
データに対する解釈

データを見て心に湧いた「感情」を共有する

　次は「参加者それぞれが提示されたデータを、どのように見て、どのように理解したのか」を率直に語っていく時間です。

　このステップの目的は「見える化」したデータに関する、メンバーの意識や認識のズレをなるべく顕在化させること（表面に出すこと）です。この段階では、議論をする必要もなければ、1つの意見に集約したり、意思決定したりする必要はありません。それぞれのメンバーが「今、自分にはこのように見える」ということを話せばOKです。

　この段階では、

データが、それぞれのメンバーにとってはどのように「見える」のか？
データを通じて、職場にはどのような課題があるように「感じている」のか？

を各人に大いに語ってもらうことが重要です。

　むしろ注意しなければならないのは、**「べき論」に終止してしまったり、「べき論」の応酬にならないようにすること**です。

　ここで大切なのは、あくまで「データが、それぞれのメンバーにとってどのように見えるのか、感じるのか」を語ることであって、「組織がいかにあるべきか」を論じることではありません。

　人は、誰しも、自分ではなかなか気づかないけれど、ひそかに有している「ものの見方」があります。人文社会科学の世界では、こうした「ものの見方」のことを「ナラティブ（Narrative）」と呼ぶこともあります。こ

図4-4　データに対する解釈をどう述べるか？

× 「このデータから考えると、うちのチームは……するべきだ。うちの職場は……であるべきだ」
→ べき論に終始する

○ 「このデータが私には、……であるように見えます。……だと感じます」
→ 素直な感情を語る

こでナラティブとは、人が世界を認識するために持っている「ひそかな解釈の枠組み」と考えてみましょう。

　すべての人々は、自己のナラティブに基づき、世界を見ています。
　そして、自らの「解釈の枠組み」のなかに生きて、世界を構成しています。

　したがって、人が、自らのナラティブに基づいて世界を見ている限りにおいて、その人にとっての世界は**「いつも合理的」**です。
　一方、自己と同じように、他者もナラティブを有しています。他者は、他者のナラティブに基づき、その解釈の枠組みのなかで、世界を「合理的に」構成しています。
　要するに、「データに対する解釈」のステップでやることは、このナラティブが職場メンバーそれぞれで異なることを、皆で認識することなのです。

　データをどのように見たのかについての「違いの確認」
　自分がデータをどのように見つめているかの「ナラティブの相違」

「自己に反対する人間のものの見方」を知り、「自己と他者の分岐点」を
お互いに確認し合うことが、このステップの目的です。

　しかし、実際に素直に意見を表明することは、これだけ環境を整えたと
しても、メンバーからすれば勇気がいることです。なかなか意見がでない
こともあるでしょう。メンバーからただちに意見を求めてもよいのですが、
それだと意見を求められたメンバーも何を話して良いかわからず、さらに
雰囲気を悪くしてしまうこともあります。
　このようなとき、メンバーからの意見を出しやすくするには、次のよう
な工夫があります。

1.　シンキングタイムをつくり、紙に意見を書いてもらう

　まず、データを読んで自分なりに課題は何かを考えるシンキングタイム
を取ります。これは前段で話した「データの提示」のときからはじめてお
いてもらうとよいかもしれません。「提示されたデータ」について、自分
がどのようなことを感じたのかを、**1枚の付箋紙にまとめて書いていって
もらいましょう。**

2.　付箋紙を同時に出して、そのまま読ませる

　1のように個別作業の時間を十分とったら、あとは付箋紙を「いっせー
の」で、そのまま出して、それぞれが自分の付箋に書かれた文章を読んで
いきます。ここでは、**「そのまま読む」というのがポイント**です。そうし
なければ、お互いの意見を見た後で、違いに気づいてごまかしたり、矮小
化したりすることが起こるからです。

3.　キーマンを最後にしゃべらせる

　管理職やリーダー、また職場で一目置かれている人などは、**最後に意見
を表明しましょう。**もし、そうした人から最初に話しはじめてしまうと、
メンバーは自分の意見を言えなかったり、丸めたりする傾向があるからで
す。

この「データに対する解釈」あたりから、以前に行った「グラウンドルールの提示」が生きてきます。フィードバック・ミーティングの冒頭で「積極的に聴く」「いったん受容する」「批判厳禁」「肩書き厳禁」「悪者探しをしない」などのグラウンドルールを設定していれば、それらをもう一度確認してセッションをはじめるのもよいと思います。

　ここで実現したいコミュニケーションのイメージは、ああでもない、こうでもないとメンバーがそれぞれいい合っている「ワイワイガヤガヤ」なコミュニケーションではありません。むしろ、みんなが輪になっているところの真ん中に、自分の解釈を「ポン」と投げかけて、皆でそれを受容しあっているような **「しっとりとした質感のあるコミュニケーション」** です。

　皆で合意を形成する前段階で、しっかりと相互の違いについて理解をしていくことは、後々の納得感に大きな影響を与えます。

険悪な雰囲気のミーティングはどうすべき？

　データに対する解釈をメンバー同士が述べているとき、険悪な雰囲気になることがあります。最初のうちはうろたえてしまうかもしれませんが、私は逆に「チャンス」だと考えます。建設的な対話がはじまる可能性が極めて高くなるからです。

　険悪な雰囲気になったときは、きっかけとなる発言をした人に対して、「どんなところに違和感があったのか、教えていただけますか？」とたずねてみましょう。すると、多くの場合、今までいいにくかった色々な話が出てきます。それに応じて、他の人も意見を述べはじめるでしょう。実に望ましい状況です。

　むしろ、もっとも困るのは「どんなデータを提示しても、メンバーからまったく反応がない」ときです。こうした事態の方が、ファシリ

テーターは苦労するでしょう。だから、険悪な雰囲気は歓迎すべきなのです。

「無難な意見ばかり」のとき、どうすべき？

　データへの解釈を話し合っているとき、ロジカルな意見だけだと、その場が硬直し、対話にならないことがあります。このような対話は、無難な意見になりやすく、ガチ対話とは程遠いものになりがちです。

　こんなときは、「メンバーの感情」を聞いてみると、突破口が開けることがあります。たとえば、データを前にしたメンバーに、

「あなたは、このデータを見て、どんな気持ちが湧きましたか？」
「このなかで、一番残念だと思うところを教えてください」
「怒りを感じるところはどの点ですか？」

などと「データを前にして抱いた感情」を聞いていくのです。

　日本人は、ビジネスの場では自分の感情を出してはいけない、と考える人が多いので、「どういう気持ちになるの？」と聞くと、「いや、気持ちの問題ではなくて……」などと返ってきがちです。しかし、タイミングが良ければなかには「ちょっと、もやもやしますね」なんて感情をともなう発言を引き出せることがあります。

　そのときに、「もやもやというのは、さみしいということ？　イライラするということ？」などと深掘りしていけば、そのメンバーの本心に近いコメントを聞き出せます。すると、他の人もそれにつられて、自分の感情に基づいた話をしはじめ、対話が活発化することがあります。

ロジックで詰まれば、感情に振る。
感情で詰まれば、ロジックに振る。

　畢竟、ガチ対話とは、ロジックと感情の往復運動で場が揺さぶられ、少しずつ前に進むものなのかもしれません。

ステップ5.
「未来」に向けた話し合い

現在地を踏まえたうえで、「理想の未来」を話し合う

ステップ5の「未来」に向けた話し合いは、次のように定義されます。

> 1. 顕在化してきた、データの解釈の違いをいったん受け止めたうえで、
> 2. 自分たちの職場やチームが、近い将来、何をめざして、どのようにあればいいのかを、前向きに話し合うこと

「見える化」した組織的課題に対して、関係者全員がきちんと向き合い、その課題の解決をめざして「対話」をすることをめざします。

一般に「対話」というと「融和」のイメージがあります。たとえば、「A国とB国が対話を行った」と聞くと、「融和的な関係になったのかな」と、牧歌的なイメージで考えてしまいます。しかし、「対話」とは、もともとそういう意味ではありません。むしろ「対話」とは、

お互いの「違い」をいったん受け入れる。
そのうえで、
その「違い」を乗り越えて、お互いの「未来」をさぐること。

ここでは、本来の意味での対話が求められているのです。
このときに覚えておいていただきたいのは、**「性急にことを進めない」**ことです。
じっくりとお互いの違いについて話し合ったうえで、しかしながら、じわりじわりと物事を決める方向に持っていくのです。その割合は、次の図

4－5のようになります。

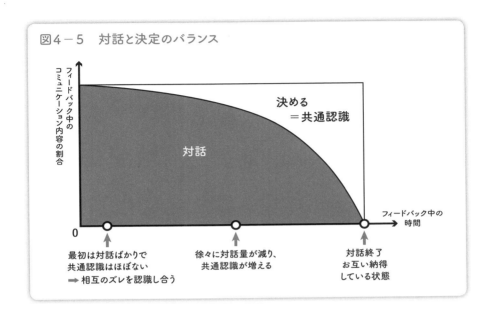

図4－5　対話と決定のバランス

「未来」に向けた話し合いの最中は、ファシリテーターの力量がもっとも問われる瞬間です。というのも、この段階のコミュニケーションは「横道にそれやすく」、それが「混乱を招きやすい」のです。時間内に効率よく対話ができるようにするためには、メンバーが問題にフォーカスし続けるよう、ファシリテーターが仕向けなければなりません。

メンバー同士の話し合いが、「めざしていく未来」から少しでも方向がズレたなと感じたら、「今、我々が当初めざしていくものとは少しズレた話がでているような気がします」といったように、**ズレたことをはっきり指摘しましょう。**メンバーが問題にフォーカスし続けることが大事です。

また、前段のプロセスでも述べたように、メンバーが勇気を出して普段では言いにくい発言をしても、それで誰かに刺されることなく、互いに思っていることをきっちり言い合える場をつくることも大切です。

「民主主義的な決め方」って何?

　フィードバック・ミーティングでは、民主主義的に物事を決めていきますが、この「民主主義的に決める」というのは、しばしば勘違いされがちです。民主主義的というと、

・全員の言い分が叶えられる
・全員の思いを一色にする
・一致団結すること

と考えている人が多いですが、そうではありません。全員の言い分が通ることなど不可能ですし、全員の思いを一色にするのは民主主義どころか、全体主義に近いと考えられます。
「民主主義的に決める」というのは、

・お互いの考えをリスペクトしたうえで、「ここまではわかりあえて、ここからはわかりあえない」という分岐点を明らかにし、確認し合うこと
・そのうえで、全員の意見が一致しなくても、最後は決めること

なのです。
　そして、最後に決まったルールに関しては、たとえそれと反対の意見を持っている人でも従ってもらう、というのが、民主主義の正しいあり方といえます。
　このなかの「最後に決める」という部分こそ、ミーティングを仕切る現場マネジャーの大事な役割です。全員の意見が一致しないからといって、決断を先送りにする必要はありません。「全員が同じ意見で

はない」ことを十分にわかり合ったうえで、どこかにはっきりと線を引くことがマネジャーの仕事なのです。

　ただし、そこで決まったルールと意見が異なる人を無下に扱っていると、その人は今後、意見をいってくれなくなってしまいます。そうしたメンバーにも「自分の意見は反映されなかったけど、意見をいって良かった」と思ってもらえるよう、現場マネジャーは、少数派の意見に対して、「良い意見をありがとう」と感謝の意を述べることが大切です。

ステップ6.
アクションプランづくり

理想の未来に向けて「明日からできること」は何か?

データに対する解釈を述べ合い、「未来」に向けての話し合いを終えたら、最後のステップは「アクションプランづくり」です。

ここでいうアクションプランづくりとは、「今後はこうなりたいよね」という「願望」を述べるのではありません。

アクションプランとは、「他人ごと」ではなく「自分ごと」でなければなりません。

アクションプランとは、「願望」ではなく「行為」です。

アクションプランとは、「翌週月曜から実行できる目標をつくること」です。

アクションプランをつくるときにもっとも重要なことは、とにかく「具体的な行動」にすることです。その際には、次の5つのポイントに留意するといいと思います。

---

1. 全員がかかわるアクションプランをつくる
2. アーリーウィンをめざす。中長期的なステップを決める
3. 悪者探しをしない
4. アクションプランはフォローこそ重要
5. 最後はねぎらいで終える

---

1. 全員がかかわるアクションプランをつくる

くどいようですが、「組織としてはこういうことをやっていきたい」という抽象的な「希望」だけでは、メンバーはそれを「行動」にうつすこと

ができません。したがって、具体的な行動を示すとともに、**メンバー１人ひとりが何をするかまで、「個人落ち」させた行動目標が必要です。**

　また、たとえばメンバーが３人いたとして、そのなかの１人しかアクションプランを決めなかったら、その人だけが悪いような雰囲気になってしまいます。

　だから、アクションプランは全員で役割分担をしてつくる必要があります。チームのメンバー全員が、「同じ船」に乗っているような感覚で、１人ひとりがオーナーシップを持って取り組む状態になれば、理想的です。そうすれば、組織全体が変わることにつながります。

2．アーリーウィンをめざす。中長期的なステップを決める

　アクションプランを設定するとき、これが達成までに何年もかかるような目標だと、メンバーのモチベーションが保てません。

　モチベーションを保つには、**早く成果が実感できるものを最初に持ってくることです。** それで「やってよかったね」が生まれると、「やればできるんだ」となり、「もっとやろう」になります。このサイクルをいかに早く獲得するかが非常に大事です。

　そのためには、最初は、すぐに変化が実感できる「アーリーウィン（Early win：素早い勝利の実感）」の目標、ただちに実行可能なアクションプランを設定しましょう。そして、アーリーウィンの目標だけでなく、次の目標も設定していくのです。そうやって中長期的なステップを踏んでいくことで、目標達成が近づいていきます。

3．悪者探しをしない

　「見える化」のところでもお話ししましたが、「未来づくり」のときにも、「悪者探しをしない」ことが重要です。繰り返しになりますが、組織のなかで何か問題が起きているときは、誰か１人のせいということはまずありません。**組織にいるメンバー全員が関係しあって、問題の状況を生み出している、というのが大半です。**

　このような前提に立って議論をすれば、課題解決につながる真のアクシ

ョンプランを立てることができるでしょう。

4. アクションプランはフォローこそ重要

　1人ひとりに役割を分担したアクションプランをつくっても、それだけ
で、メンバーが動くとは限りません。フィードバック・ミーティングの席
では皆がやる気に満ちていたとしても、通常業務に戻ると、そちらに一生
懸命になってしまい、アクションプランはないがしろにされがちです。

　特に、**形骸化は「半径5メートル」からはじまります。**「まず自分の周
りの同僚がやらなくなる」「次に、上司が指示しなくなる」「最後に、上司
自身もやらなくなる」の3点セットです。そして気がつけば、誰一人アク
ションプランを実行していないというわけです。

　未来づくりで決めたアクションプランが確実に実行されるためには、そ
の後のフォローが非常に重要です。具体的には、忘れた頃にリマインドし、
無視されそうな頃合いを見計らって、フォローアップをするような会を開
くことが必要です。

5. 最後はねぎらいで終える

　アクションプランをつくり終えたら、明日から実行することを皆で確認
し合い、管理職やリーダーからねぎらいの言葉を述べて、会を終えます。
ここでも、**サーベイ・フィードバックは「ねぎらい」ではじまり、「ねぎ
らい」で終わるのです。**

現場マネジャー向けのポイント

アクションが足りないときはどうする？

　アクションプランに誰も取り組まないのは、メンバーというより、
アクションプランそのものに原因があることも少なくありません。
　よく見かけるのは、「明日からできないことをアクションプランに

してしまっていること」です。

　たとえば、「今後は新しい企画を出すようにする」といった抽象的な目標だと、実際にやろうとしても、いまいち何をしていいのかわかりません。

　だから、アクションプランに落とし込むときには、「毎週月曜日に、新規企画を1本提出する」というように、明日からでも取り組めるくらい、具体的かつ簡単なことにしておくことが必要です。ここで簡単なことにしておくのは、ハードルが高すぎると、そもそもアクションプランの継続が難しいからです。

　アクションプランは「数値化」するのも1つの手です。プランによりますが、「いつまでに」「どれぐらい」やればいいのか、数字を決めると、メンバーはどれぐらいやればいいのかがわかりやすいですし、マネジャーもあとで成果をチェックしやすくなります。

　これで、フィードバック・ミーティングの流れを一通り押さえました。ここでは参考までに、「3.データの提示」から「6.アクションプランづくり」に至るまでの一連の流れを、事例でご説明しましょう。

・・・

　とある部署で、長時間労働が問題となりました。そこで、サーベイの結果、「他部署と比較して、その部署の平均労働時間が長いこと」「長時間労働をしているメンバーの大半が、20代の社員であること」が示唆されたとします。

　その際、まず、この部署のよい部分（ex.他部署より業績が良い）を示したデータなどにも触れながら、本題である「部署の平均労働時間が、他の部署より長いこと」「長時間労働をしてるメンバーの大半が、20代の社

員であること」を示すデータを提示します（３．データの提示）。

　次に、サーベイの結果、20代社員が長時間労働をしていることについて、メンバーが日頃から思っていることや感じていることを、それぞれのメンバーの口から話してもらいます（４．データに対する解釈）。

　このとき重要なのは、**個人に原因を求めるような言動ではなく、組織全体の仕組みや構造について、意見を述べてもらうことです。**
　サーベイ・フィードバックの根本的な考え方は、「会社で起こる問題のほとんどは、個人ではなく組織に原因がある」というものです。したがって、ファシリテーターは、「○○君の仕事が遅いだけでしょ」といった個人還元主義の考え方にメンバーが陥らないよう、導いていくことが大切です。

　たとえば、**仕組みや構造、組織といった観点から話してもらうと、様々な角度から意見が出てきます。**「若手社員は仕事のプライオリティをつけるのが上手ではないので、業務の取捨選択ができず、残業せざるを得なくなっているのではないか」「マネジャーや上の世代に、『残業が善で定時退社は悪』という雰囲気がまだあり、上司が仕事を終えるまで帰れないからではないか」という具合です。すると、データだけでは見えてこない、職場の真の状況がなんとなく見えてきます。

　そうしてメンバーの意見があらかた出てきた段階で、それを踏まえて今後、どのようにしていけばよいかを話し合います（５．「未来」に向けた話し合い）。
　先ほどしっかりと仕組みや組織の観点から話し合いができていれば、たとえば「若い人に仕事の優先順位を教える仕組みをつくろう」「帰れない雰囲気をなくそう」といったように、仕組みや組織を改善する話に自然となります。一方、もし、個人に原因を求めていたら、「○○君はもっと頑張れ」「残業をした人間に罰を設けよう」といったように、個人を責める方向に向かいがちです。

未来に向けた話し合いによって方向性が見えてきたら、具体的なアクションプランを策定します（6．アクションプランづくり）。

　ここまでくると、「年長のメンバーのなかで、ＯＪＴの指導員を決めて、週１回、若手の仕事の相談に乗る時間を設ける」「指導員は１人だけだときついので、持ち回りでやるようにしよう」といったように、様々なアイデアが出てくるはずです。

・・

　サーベイ・フィードバックは、このような形で進めていきます。

　繰り返しになりますが、重要なのは問題の原因を「個人落ち」させず、組織に問題の原因を求めることが大切です。

サーベイ・フィードバックは「定期健康診断」である

「組織のメンテナンス」だと思って定期的に実施すべし

　さて、以上で「サーベイ・フィードバック」の基本、および簡単なポイントの解説は終わりです。

　ここまでお読みになった方で人材開発などの領域に詳しい方は、**サーベイ・フィードバックとは、別の言葉でいえば、「組織レベルのリフレクション（内省）」なのではないか、**という感想をお持ちになるのではないかと思います[38]。

　「リフレクション」とは、人材開発や学習論の専門領域で、個人が自分のこれまで行ってきた行動を振り返り、自分の未来を構想することを指す言葉です。これを踏まえて考えますと、サーベイ・フィードバックは、組織のメンバーがサーベイ・フィードバックという手段を用いて、集団でリフレクション（内省）していると解釈できるのではないかと思います。

　個人のリフレクションは、「経験学習」といわれる人材開発のコア理論でもあります。そこから考えれば、サーベイ・フィードバックは、すなわち、「組織レベルで、組織のメンバーが経験を振り返り、経験学習している」といっても過言ではないでしょう。

　注意したいのは、サーベイ・フィードバックが組織レベルのリフレクションだからといって、やたらめったらやればいいというわけではないことです。**その「頻度」には注意を払う必要があります。**

　サーベイ・フィードバックは、それなりに時間もかかるので、頻繁にや

38　サーベイ・フィードバック（組織開発）とは、経験から学習するというデューイの理論を下敷きにしつつ、組織で行うリフレクションである、という仮説は、下記の書籍で展開しています。理論にご興味をお持ちの方は、ぜひ、お読みください。
中原淳＋中村和彦（2018）『組織開発の探究——理論に学び、実践に活かす』ダイヤモンド社

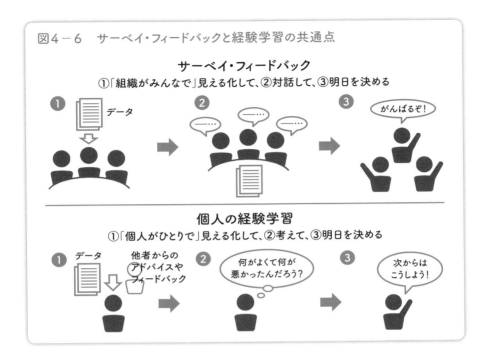

図4−6　サーベイ・フィードバックと経験学習の共通点

サーベイ・フィードバック
①「組織がみんなで」見える化して、②対話して、③明日を決める

データ

がんばるぞ！

個人の経験学習
①「個人がひとりで」見える化して、②考えて、③明日を決める

データ　他者からの
アドバイスや
フィードバック

何がよくて何が
悪かったんだろう？

次からは
こうしよう！

りすぎると、現場に負担がかかってしまいます。既述したパルス・サーベイの乱用による形骸化などに代表されるように、サーベイの頻度にフィードバックがついていけない場合、そこには必ず問題が起こります。

　私は、**頻度の適正水準は、半年に１回〜１年に１回程度ではないかと思います。**それによって組織の「定点観測」ができますし、組織が悪い方向に行っていないかどうかの確認もできます。

　そういう意味で、サーベイ・フィードバックは「組織が行う定期健康診断」です。
　組織開発は、抗生物質や外科手術によって病を治すというより、平常時から身体をメンテナンスするのに近い概念です。ジワジワと効いてくるものなので、一過性で終わらず、繰り返し行うことが非常に大切なのです。

アクションばかりしていて、そこにリフレクションがともなわなければ、学びではありません。逆に、リフレクションばかりして、アクションがともなわないなら、そこに成果はありません。

アクションしつつ、リフレクションする。
リフレクションしつつ、アクションする。

変化の速い時代にあっては、アクションとリフレクションの往復運動が必要です。

コミュニケーションの可視化に役立つ「コンテナ」とは何か？

対話と学びのある関係性に着目せよ

　サーベイ・フィードバックは、とにもかくにも「対話」が重要です。対話とは、メンバー相互が、認識のズレを恐れず、自分の思っていることや感じていることを「表出」するコミュニケーションです。そのときにもっとも大切なのは、勇気をもって口に出したことによって、そのメンバーが不利な立場に置かれないことです。

　こうした対話を生み出すためには、ファシリテーターにたつ人は、「心理的安全性の高い場」をつくりだす必要があります。そのときに参考になる概念（理論的レンズ）が「コンテナ（container：容器）」です 。

　コンテナとは、

・人々のあいだに「対話」が生まれるような「場」

・人々が「相互に学びあう」ような「場」

・対話と学びによって、人々が「相互に変容」できる「場」

　のことをいいます。

　イメージとしては、安心・安全が保障された雰囲気のなかで、人々が対話し、そこにいるメンバー相互の学びあいが起こっているような「場」を、「入れ物（容器）」にたとえて、コンテナと呼ぶのです。

　ファシリテーターは、コンテナという概念（理論的レンズ）を手にすることで、「場」に起こっている相互作用のパターンを整理することができます。

　そもそもコンテナが場に生まれているのか、いないのか。すでに生まれているなら、どのメンバーと、どのメンバーのあいだに生まれているのか。

あるいは、どのコンテナの維持が難しくなっているのかなどを、つぶさに観察するのです。

　たとえば、次の図４－７、図４－８、図４－９を見てみましょう。
　今、仮に、３人のメンバーと１名のファシリテーターがいるとします。

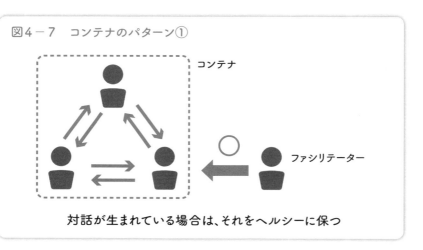

図４－７　コンテナのパターン①

コンテナ

ファシリテーター

対話が生まれている場合は、それをヘルシーに保つ

　図４－７では、３人のあいだにはヘルシーな社会関係が存在し、対話が生まれ、相互に学び合うような「場」ができています。このとき、破線で囲まれた場が「コンテナ」です。ファシリテーターは、この３人のあいだにコンテナができていることを確認し、その後も引き続き、このコンテナをヘルシーに保つことに励みます。

　しかし、図４－８をご覧ください。
　図４－８の場合には、３人のメンバーがいて、そのうち２名のあいだには、コンテナが生まれています。しかし、メンバーが３人いるからといって、必ずしも３人を包摂するコンテナがあるわけではありません。ここでコンテナが成立しているのは、そのなかの２名のあいだだけです。この場合、ファシリテーターは２名で構成されたコンテナに、残る１名をいか

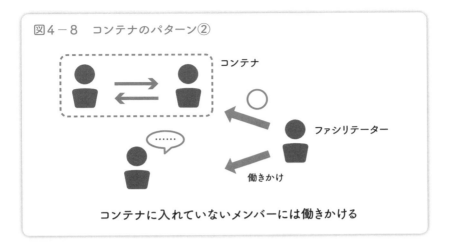

図4-8　コンテナのパターン②

コンテナ

ファシリテーター

……

働きかけ

コンテナに入れていないメンバーには働きかける

に加えていくかを考えます。

　最後に図4-9をご覧ください。
　今、図4-9では、3名のメンバーのあいだにコンテナが存在しますが、そのなかのある1人は、さらに別のコンテナ（2名）のなかのメンバーとしても包摂されています。このように、コンテナは「入れ子状（nested)」に重なり合うという特質を持っています。このような場合、ファシリテーターは「入れ子になったコンテナ」のあいだのやりとりを思案するかもしれません。

　このように、ファシリテーターは、常に、自分がファシリテートしている目の前の人々のあいだに、

・どこにコンテナが生まれているのか？
・どこのコンテナがアンヘルシーになっているのか？
・どこのコンテナをヘルシーにするために、どう働きかけるか？

を考えなくてはなりません。つまり、「コンテナ」という「レンズ」を

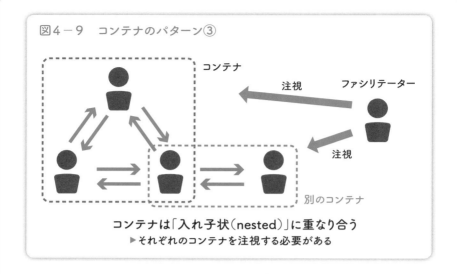

図4-9　コンテナのパターン③

コンテナ

注視　　ファシリテーター

注視

別のコンテナ

コンテナは「入れ子状（nested）」に重なり合う
▶それぞれのコンテナを注視する必要がある

とおして、「現場を見ること」を実践しなくてはならないのです。

　畢竟、コンテナとは、人々のあいだに「対話」をいかに促すかを考える
ときに用いられる、プロフェッショナル向けの「仮想概念」です。しかし、
対話のプロフェッショナルたちは、この「仮想概念」のレンズをとおして
現場をみつめることで、人々の社会関係を「見える化」し、つくりだすこ
とができます。

　コンテナは「本当に実在している」わけではありません。しかし、コン
テナという名の「概念」の「スポットライト」を用いて、ファシリテータ
ーが現実を見ることで、そこに「対話を促すヒント」という「現実」を見
いだすのです。

　このとき、大切なことは**「コンテナをコミュニケーションで満たす必要
はない（Don't fill the container）」**ということです。つまり、コンテナの
内部を、「人々の明るく楽しい元気いっぱいなおしゃべり」で満たすこと
を求めなくてもいい。つまり、「盛り上がらなくてもいい」のです。

　ファシリテーターがなすべきことは、コンテナを「満たすこと」ではな
く「コンテナをホールド＝健全に保つこと（Hold the container）」です。

サーベイ・フィードバックを
する人の専門性とは?

　サーベイ・フィードバックを導入し、高い効果を上げるためには、サーベイやデータ処理に関する知見を持った人材が必要だとされます。そこで、外部から専門性の高い人材を招こう、という企業のニーズが高まっています。

　専門性の高い人材を呼ぶことに異論はないのですが、私には1つ、気になることがあります。それは、その専門家が、調査の専門家や**統計学を修めた人に偏っていること**です。サーベイ・フィードバックは、世間一般では「サーベイ」が注目されがちです。「サーベイには厳密さが不可欠」「サーベイの内容を精緻に分析できるモデルが必要」といって、そうした専門家を求めるのでしょう。

　しかし、サーベイ・フィードバックで「組織を変える」ときにもっとも重要なのは、サーベイに関する専門性よりも、むしろ「フィードバック」に関する専門性だと、私は考えています。両方ができる人がいれば、それにこしたことはありませんが、もっとも大切なことは、「現場に有意なデータを返し、そこで対話を生み出すこと」なのです。

　私が考える、サーベイ・フィードバックをする人材に必要な条件を挙げると、次の3つになります。

　1. サーベイを適切に行うことができる
　2. フィードバックしながらメンバーの対話を促し、現場を元気にできる
　3. 現場の人を巻き込むリーダーシップがある

この「サーベイ」「フィードバック」「リーダーシップ」の3つの能力は、

いずれも欠くことができません。にもかかわらず、データ活用に関する人材で重視される専門性は、統計学や調査手法の専門性に偏りがちなのです。

その結果、現場では、**高度なモデルをつくれるし、精緻な分析もできるけど、「現場に刺さらないデータ」が大量に生み出され、放置されているケースが目立ちます**。現場にコミュニケーションを促せず、現場を巻き込むリーダーシップを持たない専門性ばかりが重視されているので、このような事態が起こるのです。

これが端的にあらわれているのが、教育機関です。

近年は、大学のIR（Institutional Research：機関調査）部門が、自らの組織の教育の達成度（授業評価・成績・就職支援など）のデータを測定しています。しかし、多くの大学では、これをしっかりと教育現場に還元できているでしょうか。データは取得してはいるけれど、現場に還元されていないといった事例や、データは取得しているけれど、担当者の論文執筆にしか使われていないという事例が散見されます。

IR部門を率いていくときにもっとも大切なことは、現場の人々と交渉を行い、現場を巻き込んでいき、フィードバックを可能にできる人材がいるかいないかです。極端な話、統計学のPh.D（博士号）を持っているか、とか、社会調査を修めたかどうかは、問題ではありません。

サーベイ・フィードバックの専門性とは何か。そうした人材を導入するときには、その要件を、もう一度捉え直すことをおすすめします。

第 **5** 章

サーベイ・フィードバックの盲点

間違ったサーベイ・フィードバックが 現場に引き起こす「病」とは？

　第3章・第4章では、サーベイ・フィードバックのやり方について基本的な手続きを見てきました。昨今は、様々な理由から、サーベイが企業において活用されていますが、それがきちんとフィードバックされ、成果をもたらしているのか、ということになると、疑問符がつく企業が多いものです。

　そもそも、サーベイを導入している企業の現場の人々ですら、サーベイが何を目的に実施されているのか、それがどのようにフィードバックされればよいのか、そして、そこからいかに変革を導けばいいのか、ということは必ずしも自明ではありません。人材開発・組織開発の高度な専門教育が行われてこなかったこの国では、これらの研究はほとんど生かされていないのです。その結果、残念ながら、現場に様々な「病」をもたらしてしまい、かえって現場に悪影響を与えている事例も多々見受けられます。

　本章では、**そんな「誤ったサーベイ・フィードバック」が引き起こす「病」とはどのようなものなのか、お話ししていきたいと思います。**裏を返せば、こうした事態を引き起こさないための方法が、そのまま「サーベイ・フィードバック」を成功させるための要諦ともいえます。自分の会社、組織、職場が、こうした「病」に罹患していないかをチェックしながら読んでいくとよいでしょう。

病その1.
サーベイすれば現実は変わる病

　誤ったサーベイ・フィードバックが引き起こす病気のなかでも、とくに多いものを挙げるとすれば、「サーベイをすれば現実は変わる病」です。

　これまでもサーベイだけでは現実は変わらない、と再三述べてきましたが、近年この病の浸透に拍車をかけているものがあります。それは最新のIT技術です。ITが普及し、非常に低価格でシステム開発を使えるようになったことから、近年は、企業のあいだで、それを用いた組織に関するサーベイが大流行しています。

　このように**最新の手法に基づいた調査をしていれば、組織の問題点が**「**浮かび上がってくる」に違いない**。だから調査さえすれば、組織の問題解決が「浮かび上がってくる」に違いないはずだ。そのように考えている経営陣や調査担当者は、今、とても多いように思います。これを私は別名「浮かび上がってくる症候群」と呼んでいます。

　しかし、ただ単にITなどの先進技術に基づく調査を導入するだけでは、現実は変わりません。なぜか。それは調査結果が、現場の人々に解釈され、意味づけられ、対話を導くことまで踏み込まなければ、現場は変わらないからです。

　「調査したデータをどう組織の改善に生かすか」を考えて、質問項目やその後の研修などを設計しないと、組織の改善にはつながりません。実際、組織の改善に1ミリもつながらないような調査は山ほどあふれています。

ポイント
- サーベイ・フィードバックの効果は、フィードバック・ミーティングの質に大きく依存する
- フィードバック・ミーティングの質を高める努力を怠（おこた）ってはならない

病その2.
項目が多すぎてわからない病

やたらめったらデータがあっても使えない

「項目が多すぎてわからない病」とは、「組織調査の調査項目が多すぎて、それをフィードバックされた現場のマネジャーが処理しきれない」というケースです。

たとえば、「あなたの職場を、200の項目で診断します」といって、仕事の属人化度やお互いの信頼度など、やたらと細かく項目をとる調査があります。よかれと思って数多くの項目を調査するのですが、いざ200項目すべての調査結果がバッと目の前に出てきた現場のマネジャー、メンバーの気持ちを代弁すると、こんなところでしょう。

「まあ、わかるよ。だけど……どこから手をつければいいの？ で、何から変えればいいの、これ？」

つまり、データで「見える化」するときには、組織が望ましい方向に持っていけるように質問項目を考えることに加えて、その調査結果を受け取った人が処理可能・理解可能なレベルに問題を設定しないと意味がないのです。

ポイント

・よかれと思って大量のデータをとっても、たいていは使えない
・メンバーに目を向けさせたいデータに「フォーカス」せよ

病その3.
データがつながっていない病

　最近の会社では、そのなかの様々な組織が、それぞれの目的で調査を行っています。人事はもとより、経営企画や総務、社内横断チームなど、ありとあらゆる部署で、ストレスチェックやエンゲージメント調査などのサーベイが行われています。

　問題は、これらの調査結果や質問項目がまったく紐付いていないことです。様々な部署が調査をしているものの、それぞれがまったく連携しておらず、調査結果が生かされていない「データがつながっていない病」も散見されます。

　ちなみに、私が教鞭を執っている立教大学経営学部では、全学生のデータをデータベースで一元管理しています。私が、同学部のビジネスリーダーシッププログラムの統括責任者をつとめていたときに、公益財団法人電通育英会の支援を受けて、データアナリティクスラボという専門データ分析チームを立ち上げました[39]。

　このデータアナリティクスラボでは、入試の時点から卒業の時点まで、入試、成績、様々な提出物、質問紙調査のデータが、すべて共通のIDで紐付いています。この結果、**どのような学生がどのように希望や不安を抱き、学部に適応して出ていくのか、すべて分析できるようになっています。**
　立教大学経営学部では、その分析結果を踏まえて、教授会にデータをフィードバックし、日々の授業改善に役立てたりしています。入試等を含め

39　立教大学経営学部BLPデータアナリティクスラボ（公益財団法人・電通育英会による寄付研究プロジェクト）は、助教授の田中聡さんを中心に、舘野泰一さん、高橋俊之さん・木村充さん・加藤走さん、小森谷祐司さんと私が参加し、運営されています。

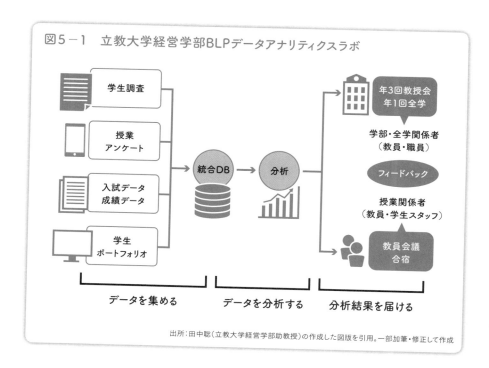

図5−1　立教大学経営学部BLPデータアナリティクスラボ

学生調査

授業
アンケート

入試データ
成績データ

学生
ポートフォリオ

統合DB　→　分析

年3回教授会
年1回全学

学部・全学関係者
（教員・職員）

フィードバック

授業関係者
（教員・学生スタッフ）

教員会議
合宿

データを集める　　　データを分析する　　　分析結果を届ける

出所：田中聡（立教大学経営学部助教授）の作成した図版を引用。一部加筆・修正して作成

た将来的な学部運営の改善にも役立てています[40]。

　このように教育機関ですら変わりつつあります。
　さらにシビアな環境に置かれている企業の現場がデータを一元管理していないのは、もったいないことだと思いますし、改善していかなければならない点だと感じています。

> **ポイント**
> ・サーベイ・フィードバックを含めた組織のデータは一元管理すべし
> ・IDで紐付ければ、さらなる分析が可能

40　下記のような公開研究会を開きました。
開催報告：立教 BLP カンファレンス 2019 新しい教育手法の評価とデータを活かした授業づくり（2019年9月14日）
http://cob.rikkyo.ac.jp/blp/3612.html

病その4.
サーベイに正解を求めてしまう病

　最近の傾向でいうと、「サーベイをすれば、すべて正解が見えてくるはずだと考えてしまう病」も急激に増えています。これは、サーベイを実施し、集計データを分析すれば、今の組織を改善するための「ドラスティックな正解」が見つかるはずだ、という考えです。したがって、職場の分析にコストをかけて、高度な統計解析を用いたり、場合によっては、AIなどの技術を用いたりします。

　しかし、少し数字になれてくればわかることなのですが、見える化した数字は、現状の職場の状況を可視化しただけであり、多くの場合は、普段私たちが薄々心のなかで思っていたことを、確認するだけのことがあります。つまり、**「驚くべき事実」なんてものは、なかなか出てこないのです。**

　だから、サーベイの結果を現場に持っていくと、ほとんどの場合は、「なるほど、そうだったのか！」というより、「あ、やっぱりそうですね」というような反応になります。新たな発見があるわけではなく、メンバーが薄々思っていたけれども、手をつけたがらなかった課題が、改めてクローズアップされることの方が圧倒的に多いのです。

　もっとも、「薄々わかっていることであれば、サーベイを行う意味がない」のかというと、決してそうではありません。むしろ、**皆が気づかぬふりをしていた問題を明るみに出し、対話のきっかけをつくることが、サーベイの意義ともいえます。**

　そして、そのときに「正解」を出すのは誰でしょうか。正解を出すのはサーベイではありませんし、数字でもありません。サーベイが示した問題に正解を出すのは、サーベイによって見える化した数字を受け取る、組織

のメンバー自身、ひいてはメンバーの対話なのです。

　くどいようですが、サーベイが「正解」を教えてくれるわけではありません。正解を導き出すのは、組織のメンバーであり、当事者である自分たちです。

自分たちの未来は、自分たちで決める。

　これが、サーベイ・フィードバックを活用した職場づくり、組織づくりでもっとも重要なことです。

ポイント
・サーベイやデータは「驚くべき事実」を教えてくれるわけではない
・示された「薄々わかっていた課題」に正解を出すのは、メンバー自身である

サーベイ結果を放置してしまう病

　サーベイ・フィードバックにありがちなのは、「サーベイ結果の放置病」です。サーベイは、現場を改善するために、現場のメンバーの協力を得て行うものですから、結果が出たら、現場のメンバーに返すのが普通でしょう。

　ところが、現実には、サーベイの結果を現場に戻さない事態がよく発生します。それどころか、「現場の人間には結果を見せたくない」と、調査担当者たちが意図的に結果発表を避けることすらあります。職場に対する不満を自由記述で書かせたものの、それがどこにもデータとしてまとめられず、現場の人にも渡されなかった、という話もよく聞きます。

　また、現場に戻したけれども、職場のマネジャーだけに回覧しているケースもよくあります。さらに、マネジャーだけにはフィードバックしたけれども、マネジャーがその結果を現場に返すことなく放置していることもあります。この場合は、調査データを隠すというより、忙しくて放ったらかしにしているケースが多いようです。
　あるいは、「1か月前に書いてもらった組織調査の結果が出た。時間がないので各自見ておくように。以上」と結果を渡すけれども、それについての話し合いをしないで終わらせるということも、ありがちです。

　しかし、これらはサーベイ・フィードバックを行うときには避けた方がよいことのように思います。
　このように、**サーベイの結果をないがしろにしていると、調査に協力したメンバーは、確実に不満を抱きます。**回答している人は、「調査に答え

ることで職場が変わる」という期待感がどこかにあるから、忙しいなかでも時間を割いて答えているのです。

　それなのに、結果を放置して、現実を何も変えようとしなければ「何のための調査だったのか」と失望してしまいます。「回答したけど改善が行われなかった」という事態が繰り返されると、人は「回答したって、今度もきっと何も変わらない」と学習し、回答するのがアホらしくなって、どんどん無気力になります。これを「学習性無気力（learned helplessness）」といいます。無気力は学習されるのです。

　私は、よく学生にこう指導をしています。

調査とは「暴力」である。

　これは、調査とは、権力を用いて、現場の人々の時間を消費して回答してもらうことなので、現場のメンバーからすると「暴力」のようにもうつる、ということです。そのくらいのコスト認識をもって調査を行ってほしいと、学生には伝えています。

　調査する側には、調査に答えてもらった人々に、結果と価値を「お届け」する義務がある。にもかかわらず、調査に回答したけれども現場は変わらない……という絶望が繰り返されると、現場には「白け」が生まれます。

　いえ、二度と調査に協力してくれなくなる程度で済めば、まだマシです。それが転じて、職場や上司に対しての絶望と化し、最悪の場合は、離職につながっても不思議ではありません。コストと時間を使って、ネガティブスパイラルを起こしてしまったら、こんなに悲しいことはありません。

　これは実際にあった事例ですが、ある組織が、調査によって自分たちの職場を「見える化」したのですが、管理職たちはそのデータをそのまま放置しました。自分たちにとって不都合が出てきたため、データを闇に葬っ

たのです。

　この組織は、もともと若手の離職が多かったのですが、その後、もともと多かった離職がさらにひどくなりました。若くてやる気のある従業員たちは、調査に協力しても何も変わらないので、職場に絶望してしまいました。

　こうした残念な事態を避けるためにも、サーベイを行ったら、必ずフィードバックする癖をつけたいものです。

ポイント

・サーベイ・フィードバックは「鮮度」が命

・現場にデータを返さないのは、百害あって一利なし

病その6.
データをむやみにとりすぎ病

最近は、「データをやたらめったらとりすぎる病」も各地で蔓延しています。その原因になっているのが、「パルス・サーベイ」です。

これは、パルス＝心拍をとるがごとく、非常に短い間隔で調査をして、組織の状態を測ろうという調査です。

普通の組織調査は半年間に1回程度ですが、パルス・サーベイでは月1回、下手をすると1〜2週間に1回、現場のメンバーがアンケートに答える必要があります。

高頻度でとれば、職場の微妙な変化までもタイムリーにキャッチできる、というわけですが、1回あたり5〜10問程度のサーベイとはいえ、頻度が高いため、答える人たちにとってはかなりの負担です。

パルス・サーベイは、メリットもありますが、それを機能させるためには、様々な配慮を行わなくてはならないのです。

その1つは、「**パルス・サーベイ慣れ**」が起こりやすいので、**これを防止することです。**あまりに頻繁に調査がくるので、現場のメンバーはだんだんと答えるのが面倒くさくなります。

そして、「まあ、いいよ。適当にぽちぽちっと答えておけ」「面倒だから、全部5でいいよ」となり、データの質が下がるのです。これでは、現場のことを正しく把握できません。

また、データをとったからには現場に返さなければ意味がありませんが、**毎週のようにとっている調査をすべて現場に返しても、忙しくて誰も見ません。**データをフィードバックする工数、時間を最初からとっておくこと

が重要です。

　そのためには現場の説得も必要です。パルス・サーベイを行うときには、メリット・デメリットを勘案しつつ、細心の事前準備をした方がいいように思います[41]。

ポイント
- パルス・サーベイをとることは、サーベイ慣れを早めてしまうこともある
- パルス・サーベイを用いるときには、フィードバック頻度も考える

41　また、いくつかの企業においては、パルス・サーベイが、部下から上司への「ダメだしツール」「告げ口ツール」と化しているという事案もよく聞きます。管理職が少し注意をすると、メンバーがパルス・サーベイに意図的に悪く答えて、結果をひどいものにする。マネジャーは、人事や、さらにボスから、そのたびごとに呼ばれ、部下への指導を注意される、というのです。本来は、上司も部下も含め、サーベイの結果をフィードバックして、職場として事案に向き合わなくてはならないのですが、それがそうはなっていません。

病その7.
サーベイは1回やればOK病

「リバウンド」は組織でも起こりがち

　準備を整えて、いざサーベイ・フィードバックを行い、その甲斐(かい)あって組織を改善することができた。しかし、そこで満足してしまって、それ以降サーベイ・フィードバックは行われなくなってしまった……。そんな「サーベイは1回やればOK病」に陥る現場も多く見られます。

　しかし、それではせっかく組織が良くなっても意味がありません。組織には必ず「慣性（イナーシア：inertia）」があるので、1回変わってもすぐに元に戻ろうとする力が強く働きます。

　予算の都合などもあるのかもしれませんが、1回しかやらないと、せっかく組織が良くなっても、すぐにリバウンドしてしまい、結果、意味がなくなってしまいます。

　最近、この例でとりわけ多いのは、「働き方改革のリバウンド」です。職場の仕事のやり方を見直し、互いに話し合って、打ち手を決めて実行する。ここまでやると、ほとんどの場合は最初の段階で残業が減り、生産性が少し上がります。ところが、ここで「良かったね」と満足してしまうと、せっかく減った残業時間が再び増えて、数か月後には元通り、という事態が各地で起きています。

　このようなリバウンドを防ぐには、**年1回、最低でも隔年に1回でも良いので、健康診断のように、定期的にサーベイを行うことが必要です。**

　そして、サーベイを実施した際には、必ずフィードバック・ミーティングもセットで行い、定期的に話し合う場をつくる。異常を感知したら、そのつど立て直すようにしましょう。

　そうすれば、リバウンドも起こりにくいですし、新しいルーティンを定

着させていくことができます。何か問題があったときも、問題がまだ小さいうちに発見し、手を打てるでしょう。

　このミーティングの時間を、たとえば期首に90分×2回とるだけでも、組織を徐々に変革することができるでしょう。ここで出てくる問題が職場のなかだけでは解決できない難しい課題ならば、別途変革推進チームをつくるなどして、職場のキーマンを巻き込み、全社的に広げていってもＯＫです。

ポイント
・組織は「1度話し合っただけ」では変わらない
・フォローアップも「定期的に」行おう

病その8.
数字ばかり気にしすぎ病

数字は「組織のすべて」を反映してはいない

　調査結果のデータを見て、改善しようとするのは良いのですが、このとき、「数字を良くすることしか考えない病」に陥ってしまうチームや人も、数多くいます。

　たとえば、調査をした結果、「職場の中のコミュニケーションが不足している」という項目の数値が2.8で、全社平均が4.0だったとしましょう。このとき、とるべき行動は、「なぜ、全社平均に比べてこんなにも低かったのか？」と原因を深掘りしていき、真の原因をつきとめることです。

　サーベイ・フィードバックでは、既述しましたように「コンテント」と「プロセス」という2つの概念装置を用いた「氷山モデル」で組織の問題を考えます（図3−1：再掲）。おさらいになりますが、「コンテント」とは目に見えているものです。組織が抱える話題、課題、仕事などの「内容的な側面」です。これは、いわば「氷山の上」にあるものなので、非常に目に見えやすい特質を持っています。

　一方で「プロセス」とは「目に見えてはいないもの」。こちらは仕事をしているときに、ひそかに職場やチームのなかで起きている「関係性的な課題」であり、通常は「氷山の下」にあるものです。

　したがって、目の前のある問題は、あくまで氷山の一角であり、その氷山の下には様々な問題が隠されている、と考えられます。職場のコミュニケーション不足には、役割分担の不足やフォロワーシップの不足など、その他の問題も隠れているものです。そこまで深く見ていくことではじめて、効果的な対策を打つことができて、組織の改革につながります。

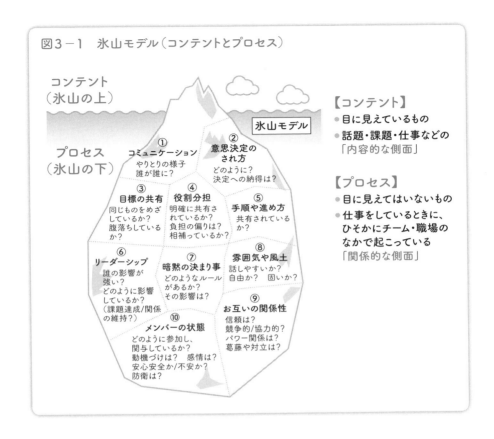

図3-1　氷山モデル（コンテントとプロセス）

コンテント
（氷山の上）

プロセス
（氷山の下）

氷山モデル

① コミュニケーション
やりとりの様子
誰が誰に?

② 意思決定の
され方
どのように?
決定への納得は?

③ 目標の共有
同じものをめざ
しているか?
腹落ちしている
か?

④ 役割分担
明確に共有さ
れているか?
負担の偏りは?
相補っているか?

⑤ 手順や進め方
共有されている
か?

⑥ リーダーシップ
誰の影響が
強い?
どのように影響
しているか?
（課題達成/関係
の維持?）

⑦ 暗黙の決まり事
どのようなルール
があるか?
その影響は?

⑧ 雰囲気や風土
話しやすいか?
自由か?　固いか?

⑨ お互いの関係性
信頼は?
競争的/協力的?
パワー関係は?
葛藤や対立は?

⑩ メンバーの状態
どのように参加し、
関与しているか?
動機づけは?　感情は?
安心安全か/不安か?
防衛は?

【コンテント】
● 目に見えているもの
● 話題・課題・仕事などの
　「内容的な側面」

【プロセス】
● 目に見えてはいないもの
● 仕事をしているときに、
　ひそかにチーム・職場の
　なかで起こっている
　「関係的な側面」

　ところが「**数字を良くすることしか考えない病**」の人は、この原因の深
掘りをしません。このパターンの人は、平均値との1.2の差を、いかに短
期間で埋めるかで、頭がいっぱいになってしまっています。

　だから、「これからの会議は1人一言、必ず発言するようにしよう」「毎
週、3分ずつ近況を話し合うミーティングをやればいいんじゃない?」と
いうような、場当たり的な対症療法を繰り出そうとするのです。そして、
そうした対症療法でも何でもいいから、このギャップが埋まれば良し、と
考えているのです。

　これは第1章の3ステップモデルで解説するならば、図5-2のよう
な状態です。つまり、「見える化」は行っているものの、その後で**本来行
わなくてはならない「ガチ対話」に向かわず、ただちに「未来づくり」に**

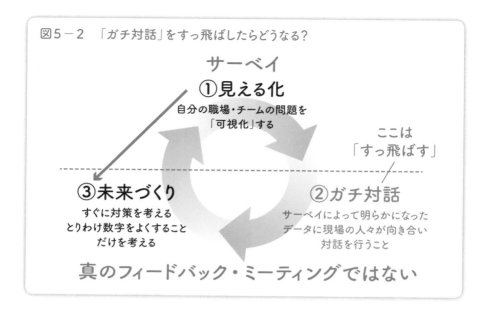

図5－2　「ガチ対話」をすっ飛ばしたらどうなる？

サーベイ

①見える化
自分の職場・チームの問題を
「可視化」する

ここは
「すっ飛ばす」

③未来づくり
すぐに対策を考える
とりわけ数字をよくすること
だけを考える

②ガチ対話
サーベイによって明らかになった
データに現場の人々が向き合い
対話を行うこと

真のフィードバック・ミーティングではない

向かっています。

　しかし、これでは運良く数値が向上したとしても、本質的な原因を突き止めなければ、また同じ事態を繰り返すことになります。

　サーベイ・フィードバックの本質は、調査の数値を向上させることではありません。そうではなくて、数字を基に「どのような現実が組織で生まれているのか」をともに探索して、改善策を話し合うことです。

　言い換えれば、**データは、「あなたの職場にヤバい兆候があるみたいですよ」というアラートさえ示してくれれば、実はそれで役割を終えているともいえるのです。** したがって、あまり数値自体にこだわりすぎない方がよいでしょう。

　データはあくまで対話を「はじめるきっかけ」に過ぎないのです。

ポイント
・「ガチ対話」をすっ飛ばして、「未来づくり」に向かっても意味はない
・数字にこだわりすぎず、むしろ「対話」を重視する

サーベイ・フィードバックは「働き方改革」にも役立つ!

横浜市教育委員会との共同調査から

　あらゆる業界で「働き方改革」が叫ばれるなか、共通の課題になっているのが「長時間労働の是正」です。長時間労働は個人に要因があるといわれがちですが、私とパーソル総合研究所の共同研究「残業学」によりますと、長時間労働に影響を与えるのは組織要因の方が大きいことがわかっています[42]。**長時間労働の是正は、「個々の仕事術」に頼るのではなく、組織・職場ぐるみの改善活動で取り組まなければ不可能です。**

　私は、組織・職場ぐるみで長時間労働の問題を解決するうえでも、サーベイ・フィードバックを活用できると考えています。

　その実例の１つが、横浜市教育委員会と立教大学中原淳研究室の共同研究で行った「学校ぐるみで教員の働き方を見直すプロジェクト」の事例です。小中学校の教員の長時間労働は全国的に問題になっていますが、横浜市は、サーベイ・フィードバックを導入することで、先生たちの長時間労働を減らそうとしています。

　手はじめに行ったのは、市内の小中学校の先生たち約500名を対象に、「働き方や意識に関する質問紙調査」です。集まったデータを分析した結果、様々な実状が明らかになりました。次のページの図５－３を見てください[43]。

　このグラフからは、業務を減らすことなく「時間キャップ（＝勤務時間に制限を設ける）」だけを行うと、やりがいや学校への愛着が低くなり、多忙感とストレスが高くなって、健康不安を訴えたり、離職を考えたりする

42　中原淳＋パーソル総合研究所（2018）『残業学　明日からどう働くか、どう働いてもらうのか?』光文社新書
43　辻和洋、町支大祐（編著）中原淳（監修）（2019）『データから考える教師の働き方入門』毎日新聞出版

人が増えることがわかりました。時間制限を設けながらも、業務量を見直す必要があることが、データを通じてはっきりと見えてきたわけです。

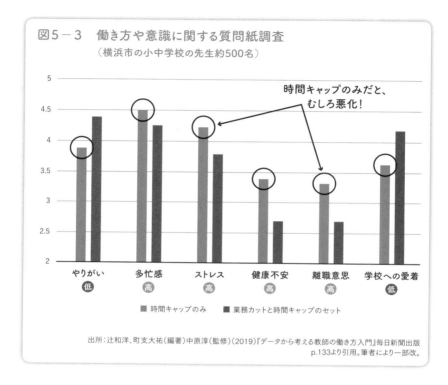

図5-3　働き方や意識に関する質問紙調査
（横浜市の小中学校の先生約500名）

時間キャップのみだと、むしろ悪化！

■ 時間キャップのみ　■ 業務カットと時間キャップのセット

出所：辻和洋、町支大祐（編著）中原淳（監修）（2019）『データから考える教師の働き方入門』毎日新聞出版 p.133より引用。筆者により一部改。

　そのうえで行ったのが、サーベイ・フィードバックを用いた長時間労働是正のプロジェクトです。具体的には、1つのモデル校で、下記のプロジェクトを行いました。

　まず行ったのは、モデル校の内部に変革のコアチームをつくってもらい、データを基に話し合うことです。校長、副校長、一部の主任、ミドル、若手教員が集まり、自校のデータを基に、「何をゴールとするのか」「いつまでに何を実現し、どのようにフォローアップするのか」「現場の先生方をどう巻き込むか」について話し合いました。

　そして、コアチームの先生が、様々な現場で、調査結果をフィードバッ

クする「働き方ワークショップ」を開催しました。第４章でお話ししたように、「ねぎらう＋感謝する」「このままの状態で続くのか、持続可能性を問う」「職場の認識のズレを明らかにする」といった流れでフィードバックを行い、教員全員が実践できるアクションプランを出し合いました。その結果は、図５－４に示すグラフのような結果が得られました。サーベイ・フィードバック前後で、大きく長時間労働が改善しています。

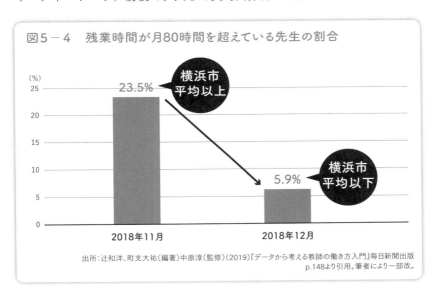

図５－４　残業時間が月80時間を超えている先生の割合

出所：辻和洋、町支大祐（編著）中原淳（監修）(2019)『データから考える教師の働き方入門』毎日新聞出版
p.148より引用。筆者により一部改。

　現在では、このモデル校での取り組みを基に、横浜市の80校の学校が同様のプロジェクトに取り組み、成果をあげています。
　サーベイ・フィードバックは、「自分たちの働き方は自分たちで決める」手法なので、**現場のメンバーが打ち手に納得感を持てるという長所があります**。働き方改革に行き詰まっている会社や組織にとっては、ぜひ試していただきたい手法です。

あなたの職場が変わるための
シンプルな法則とは?

変化の方程式

　組織変革が難しいのは、**組織そのものが「変わらない」ことを前提にできているからです。** 人が出入りしても事業がきっちり動くように、組織では様々な仕事やタスクが強固にルーティン化されています。変えないようにしているものを変えるのですから、難しいのは当たり前です。

　ただ、市場環境が目まぐるしく変わる現状に対応するためには、組織は変わっていく必要があります。では、どうすれば、組織は変わるのでしょうか。組織開発の領域では、次に示す非常に単純な方程式でそのことの説明がなされることがあります。

Change $= D \times V \times F > R$

D $=$ Dissatisfaction：現状での不満の大きさ

V $=$ Vision：最終状態の望ましさ（最終ゴールが見えているか?）

F $=$ First Step：最初のステップの容易さ（敷居が低いか?）

R $=$ Resistance：抵抗やコスト

　組織が変わろうとするときには、変化に対する抵抗が必ず生じますし、ある種のコストを払う必要が出てきます。しかし、**そのコストよりも、上のD×V×Fの数値が大きくなれば、組織は変わる**というわけです。

　もし、本書の読者である管理職やリーダーの方が、「自分の組織を変えたいけれども、なかなか組織が変わらない」というときには、一度、この方程式を思い返してみると良いでしょう。特に、Dの「現状での不満の大きさ」や、Vの「最終状態の望ましさ」に関しては、「見える化」しないと、実際の状況がイメージできません。そのイメージをメンバーが持つうえでも、「見える化」は、非常に大切です。

第 **6** 章

サーベイ・フィードバックの企業実践事例

「見える化」
「ガチ対話」「未来づくり」の
リアルに迫る!

　本章では、サーベイ・フィードバックの基本プロセスである「見える化」「ガチ対話」「未来づくり」のポイントを、企業3社(メルカリ様、パナソニック様、デンソー様)の事例を基にご紹介したいと思います。

　実際にサーベイ・フィードバックをするとなると、一筋縄ではいかない状況も多々訪れます。ここまでご説明したようなセオリーだけでは、太刀打ちできない場面も出てくるかもしれません。

　そんなとき参考になるのが、他社の事例です。本章でご紹介する3社は、状況はいずれも三者三様ですが、そのなかには**これから「見える化」「ガチ対話」「未来づくり」を実践していく人々に役立つ知見が、存分に含まれています。**

　サーベイ・フィードバックの事例が、企業の外で語られるのは、非常に「レア」です。なぜなら、このような「リアルな事例」は、なかなか外に出る機会がないからです。それだけでも、本章を読む価値は十二分にあるのではないかと思います。ぜひ、あなたの部署での組織変革の参考にしてみてください。

サーベイの力で「未来永劫、サステナブルな組織」をつくる

2013年に創業すると、瞬く間に成長し、フリマアプリでシェアナンバーワンを獲得したメルカリ。さらに成長を加速するために、2018年から、サーベイ・フィードバックに力を入れはじめました。社員のエンゲージメントを「見える化」することで、組織の課題を発見し、改善につなげているそうです。サーベイ・フィードバックの意義や、運用面で注意していることについて、オーガニゼーション＆タレントデベロップメント・マネジャー（取材当時）の石黒卓弥さんに話を伺いました。

組織が急拡大するなかで、いかにコンディションを保つか？

――御社では、2018年から、サーベイ・フィードバックに力を入れはじめたそうですが、その理由から教えていただけますか？

石黒　大きな理由は、組織が急激に拡大したことです。弊社は創業から6年ほどの間に、従業員が連結で1000人を超えるほどになりました。また、会社の変化が激しく、チーム編成は3か月単位でどんどん変わっていきます。このように目まぐるしく変化するなかで、組織のコンディションを保ち続けるには、コンディションを何らかの方法で「見える化」する必要があります。そこで着目したのが、サーベイを活用した組織開発、つまりサーベイ・フィードバックです。

　チームの働きやすさや風通しの良さといった要素は、どうしても定性的・主観的に評価されがちですが、それだけだと良いのか悪いのかがはっきりしません。そこを定量的なデータで測れば、現在の組織の状態がはっ

きりと数値化でき、誰が見ても納得感があります。人間の体だって、自分の体が熱っぽいかどうかを主観で判断するより、体温計を使って測れば、熱があるのかどうか、はっきりとわかります。それと同じことです。

　2018年以前も、データを用いて組織の状態をチェックしていましたが、もっと本格的に、データドリブンな意思決定を組織開発に取り入れるために、2018年の夏に、専門のチームを社内につくりました。

機動的に行えるよう、サーベイを内製化

　　　　──サーベイはどのような仕組みで行っているのでしょうか。

石黒　まず、組織全体のコンディションを見える化する「組織サーベイ」と、管理職のマネジメント力を見える化する「マネジメント・サーベイ」の2つを実施しています。

　いずれのサーベイも、社内外の既存の知見をベースにしながら、自社でアレンジしたものを使っています。以前は人材サービス会社が提供しているサーベイを使っていたのですが、質問項目の設定やデータ分析などを、自社で機動的に行っていきたいと考え、2018年の秋にかけて、内製化しました。

　弊社では、社員の行動指針として、「Go Bold（大胆にやろう）」「All for One（全ては成功のために）」「Be a Pro（プロフェッショナルであれ）」という3つのバリューを定めています。サーベイも、これらのバリューに基づいて設計されています。

　　　　──具体的にはどのようなことを分析しているのでしょうか。

石黒　とくに重視している指標の1つは、「eNPS（Employee Net Promoter Score：エンプロイー・ネット・プロモーター・スコア）です。「あなたは、メルカリをあなたの友人に勧めたいと思いますか？」という他者推奨度を測る質問は、会社のキーパフォーマンスにもっとも紐付いている究極の質問といわれます。これを基に、社員のエンゲージメントを数値化し、なぜその数値になるのか、他の質問やフリーコメントから原因を探っていきま

した。「バリューに沿って行動できていますか」といった質問も、社員のエンゲージメントを測る基準になりますね。

その他にも、「性別・年齢・国籍などのバックグラウンドが尊重されている」「メンバーが能力を発揮できる組織になっている」「仕事をするうえでストレスを感じていない」というように、組織の働きやすさに関する質問をして、5段階で評価してもらいます。

実施は3か月に1回のハイペース

——どれぐらいのペースで実施しているのですか？

 現在は3か月に1回のペースで実施しています。

——大半の企業では年1〜2回ですから、かなり頻繁に取るのですね。

 先ほどもお話ししましたが、組織が、早くて3か月おきに再編されるので、サーベイも3か月おきに取り、フィードバック・ループを回していかないと、意味がなくなってしまうのです。

見える化した結果も、できるだけ早くフィードバックするようにしています。サーベイ終了後、2〜3日で集計・分析し、メルカリグループの経営陣が集まる経営会議で、結果を発表します。

——2〜3日で発表まで行くとは、すさまじい速さですね。

 それぐらいのスピード感で進めないと、すべての社員に伝えるまでに、時間がかかりますからね。まずは、経営会議に間に合うように集計・分析し、経営陣からその結果に関するフィードバックをもらったら、結果と共に各部署に展開していきます。そして、各部署でフィードバックセッションをしてもらい、アクションプランを全社員が実践する、という流れです。

経営陣と社員に一斉公開すれば速いですが、経営陣にオーナーシップを持ってもらわないと意味がないので、必ず経営会議で結果を発表し、フィードバックをもらいます。

課題を「見える化」し、
具体的なアクションプランに落とし込む

　　　　——実施してみて、いかがでしたか？

石黒　まだ数回程度しか行っていませんが、多くの課題が「見える化」できましたね。定量的なデータに加えて、定性的なフリーコメントも見ていくと、かなり詳細に課題が見えてきました。

　いくつか具体例をいうと、「情報流通に問題があり、情報が行き届いている人とそうでない人の差がある」「採用は強いが、成長や育成に関する仕組みが弱い」などですね。

　　　　——こうした課題は寝耳に水だったのですか？

石黒　いえ、ほとんどが事前に立てていた仮説とズレることなく、メンバーも大なり小なりわかっていたことでした。うっすらわかっていた課題を、サーベイを通じて、改めて再確認したというイメージですね。

　　　　——課題を俎上に乗せたうえで、

　　　　　　アクションプランを話し合ったわけですね。

石黒　はい。大切なのは、そうして「見える化」した課題を、具体的なアクションプランに落とし込むことです。体重計に乗って、「増えすぎているのでダイエットが必要」とわかっても、食事の改善や運動などのプランを立てて実践しないと、意味がないですよね。

　幸い、当社のメンバーは、出てきた課題を解決するにあたり、反発するような人はいないので、各部署できちんとアクションプランが出てきています。具体的にいうと、「情報流通」に関しては、「情報流通の社内ポータルをつくる」、「成長や育成」でいえば、「マネジャー向けのプログラムをつくる」「経営者育成塾も立ち上げる」といったプランが出てきました。こうしたプランを実行に移していったわけです。

　　　　——アクションプランを実践することで改善効果は

　　　　　　見えてきましたか？

石黒　まだはじめてから1年も経っていませんが、変化はあらわれていま

す。３か月に１回、実施しているので、変化しているのかどうかを逐一チェックできています。

無意味な質問項目に気をつける

——サーベイ・フィードバックは難しい点もあると思いますが、注意している点はありますか？

石黒 「サーベイに答えても、何も変わらないじゃないか」と社員に思わせないことです。多忙な合間を縫って答えたのに、何の変化もなければ、サーベイに答えてくれなくなってしまいます。

反対に、質問に答えたら、その答えをきっかけに話し合いが起き、短期間で組織を変えるアクションに結びついたら、すごく嬉しいですよね。この感覚をいかにつくるかが、サーベイ・フィードバックでは重要だと感じています。

——そのためには、どうすれば良いとお考えでしょうか。

石黒 アクションプランにしっかり結びつけることがもっとも大切なことですが、それ以前にも、細かい点に気をつけなければならないと考えています。

例としては、「質問項目」ですね。その答えがアクションプランにつながらないような質問項目を設定すると、「答えるだけムダじゃないか」と思わせてしまいます。

「ダブルミーニングの質問」はその典型です。１つの質問で、２つの意味を同時に聞くようなことですね。

たとえば、極端なことをいうと、「あなたの上長は尊敬できて、フィードバックがうまいですか？」などと聞かれたら、どうでしょうか。「フィードバックはうまいけれども、尊敬できない人はどう答えたらいいんだ」と迷ってしまいますし、答えを集計しても何をあらわしているのかわからなくなります。こういう質問項目は避けるようにしていますね。ポイントはあくまでシンプルに。質問項目に関しても、３か月に１回、見直して、

微調整しています。

    ——質問項目の設定は繊細に行わなければいけませんね。

石黒   また、結果が出てきたとき、数値が高くても、それに甘んじないことも重要です。たとえば、10点満点中、9点を獲得した項目があったとしましょう。9点も取れるなんてかなり高得点ではないか、と思うかもしれませんが、見方を変えれば、「10点満点がとれず、1点足りなかった。ということは、1点分、何らかの不満があったのではないか」とも考えられます。そうした小さな違和感を無視しないよう、マネジャークラスには伝えています。

    ——その他にも、注意している点はありますか？

石黒   あとは、「サーベイに答えるのが面倒」と思われないように、気を配っています。当社は3か月に1回とるので、あまり長時間かかるようなサーベイをすると、真面目に答えてもらえなくなったり、不満のもとになったりします。30分もかかるようでは長すぎるので、5〜10分で答えられるぐらいの質問量にしています。また、「リマインド」にも注意を払っています。

    ——リマインドとは、どういうことですか？

石黒   サーベイをまだ答えていない人に向けて、「いついつまでにお願いします」とリマインドを出すのですが、これがすごく嫌がられるんですよ。さらに、一番嫌がられるのは、全員が見るポータルサイトで、リマインドをすることです。すでに答えている人も催促をされているように感じ、非常に不愉快になるそうなのです。

    そこで、前回のサーベイからは、答えていない人だけにSlackのメッセージが飛ぶようにしました。地味な改善ですが、こういった気配りも重要だと思います。

サステナブルに続く組織をつくりあげるには不可欠

    ——サーベイ・フィードバックを1年間運用したことで、

方法は確立しましたか。

石黒　まだまだ改善点はたくさんありますね。たとえば、今は３か月に１回ですが、「心理的安全に働けていますか？」といった質問は、極端な話、毎日のように聞いた方がいいと思いました。毎日５点をつけていた人が、急に１点をつけたら、何かあったことがすぐ把握できます。しかし、３か月おきに実施していたら、手遅れになる可能性があります。だから、これだけは、朝に出勤して、PCにログインするとき、聞いても良いのかなと思います。

――最後に、これからサーベイ・フィードバックを導入することを検討している、他社の人事担当者やマネジャーにメッセージをいただけますか？

石黒　組織を変えるためには、まずはなにが起きているのかを正しく知ることが必要です。そのためには、客観的なデータが欠かせません。そう考えると、サーベイ・フィードバックは企業の変革になくてはならないものだと思います

　また、サーベイをしていない組織は、立場が強い人が声高に主張したことが通ってしまいがちですが、サーベイを取り入れれば、立場が小さい人の声を拾い上げることができます。こうした声を大事にしてこそ、組織開発をするうえで、正しいアクションがとれるはずです。未来永劫、サステナブルに続く企業をつくるためには、サーベイ・フィードバックは欠かせない手段ではないかと思います。

――ありがとうございました。

|||||||||||||||||||||||||||||||||||||||||||||||||||||||||||||||||||||||||||||||||||||||||||||||||||||||||||||||||||||||||||||||||||

■ 事例解説

組織を「生き物」と捉える視点

　創業６年でメンバーが1000名になり、３か月単位でチームが変わるメルカリ。メルカリのサーベイ・フィードバックから私たちが学び取れることは多々ありますが、なかでも個人的に印象的だったのは、次の３点です。

1. 理念を反映したサーベイを用いていること
2. 経営会議から末端のチームまで、カスケード型でタイムリーなフィードバックを行っていること
3. フィードバックした結果を、必ずアクションプランに落とし込もうとしていること

　まず、「理念を反映したサーベイを用いていること」について。

　メルカリでは、「チームの働きやすさや風通しの良さ」を重要な指標と考え、あたかも「体温計」でそれを測定するかのようにチェックしています。体温計というメタファが秀逸です。このメタファを石黒さんが使えるのは、石黒さんが組織を「生き物（有機体）」として捉えているからでしょう。

　たとえば、自分が「今日は熱っぽいな」と思ったとき、人は、必ず体温計を手に取ります。また、よちよち歩きの小さい子どもならば、保育園や幼稚園に行く前に、必ず「体温計」で体温を測定するはずです。このように、人が日常で「体温計」を用いるのと同様の感覚で、メルカリでは、それを組織の文脈において用いています。

　ここで私は、メルカリが自社の理念を反映したサーベイを用いていることに注目します。メルカリでは、社員の行動指針として掲げている「Go Bold（大胆にやろう）」「All for One（全ては成功のために）」「Be a Pro（プロフェッショナルであれ）」という3つのバリューに基づきサーベイを設計しています。本書でも述べましたように、サーベイの質問項目とは「組織が重視していることを表明する場」であり、そこにはコレクション効果が働きます。よって、社員の行動指針をサーベイに落とし込むことは、非常に合理性が高いことだと思います。

　次に、「経営会議から末端のチームまで、カスケード型でタイムリーなフィードバックを行っていること」も極めて重要です。サーベイ・フィー

ドバックの世界では、これを「会議の連動チェーン」といったりします[44]。組織の上位からサーベイの結果についてフィードバックを行い、ディスカッションを行うのは、もっとも効果的な方法です。

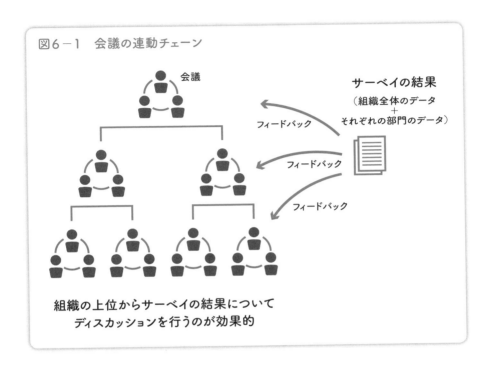

図6−1　会議の連動チェーン

会議

サーベイの結果
（組織全体のデータ
＋
それぞれの部門のデータ）

フィードバック

フィードバック

フィードバック

組織の上位からサーベイの結果について
ディスカッションを行うのが効果的

　最後にもっとも重要なことは、「フィードバックした結果を、必ずアクションプランに落とし込もうとしていること」です。体重計に乗って、「増えすぎているのでダイエットが必要」とわかっても、食事の改善や運動などのプランを立てて実践しないと、意味がありません。それと同様に、具体的にアクションにつながらないサーベイ・フィードバックは空しいものです。しっかりとアクションにつながる方法を考えましょう。

44　Mann, F. C. (1957) Studying and Creating Changes: A Means to Understanding Social Organization. Research in Industrial Human Relations. (Industrial Relations Research Association, Publication No.17).

ケース②　パナソニック

「ガチ対話」を妨げる障害を取り除け!

電機メーカーのパナソニックでは、社員の働きがい向上を支援するために、2017年に「A Better Workstyle 編集局」という専任組織を設立しました。社員の意識調査などをきっかけに寄せられる組織の悩みに対して、自分たちで「ガチ対話」や「未来づくり」ができるよう、手助けしています。その具体的な取り組みについて、編集局の立ち上げメンバーで組織開発を担当している大西達也さんに話を伺いました。

年1回の意識調査が、組織の課題に取り組むきっかけに

──御社では、毎年、社員に対して意識調査を行っているそうですね。

大西　はい。「成長を実感しているか」「上司との関係はどうか」といった個人に関する項目から、「部門同士の協力体制はどうか」「研修はちゃんと受けられているか」といった会社に関する項目までを数値で記入してもらい、結果を集計しています。

　この調査結果は、組織の状態を見るバロメーターの1つになっています。我々「A Better Workstyle 編集局」には、様々な組織から相談が持ち込まれるのですが、この調査結果がきっかけになっていることも多いですね。

　組織の抱える課題は、似通っています。典型的なものを挙げると、「コミュニケーション不足」「方向性が見えない・合わない」「長時間労働の常態化」「個人の主体性・自律性が不足している」の4つになります。

──持ち込まれた課題に対して、どのように対処するのでしょうか。

大西　定量的なデータがあってもなくても、最初に持ち込まれた課題をそ

のまま鵜呑みにすることはありません。深掘りしていくと、実は、別のところに課題があることが多いからです。

　そこで、組織の担当者とじっくり話します。さらに、現場の社員にインタビューをすることもあります。インタビューで、その人の感情や肌感覚といった定性的な情報を聞き出すと、定量的なデータだけでは見えない状況が見えてきます。そうやって、左脳と右脳を統合させることで、職場の本当の状況を「見える化」でき、真の課題を見つけ出せると考えています。

オフサイトミーティングによって、
マネジャー間の距離が縮まる

　　　──組織開発の基本的なサイクルでは、
　　　「見える化」をした後に、課題に対する認識を
　　　本音で話し合う「ガチ対話」を行います。
　　　御社でもそのように進めているのでしょうか。

大西　いきなり「ガチ対話」ができればよいのですが、現実にはガチ対話を妨げるものがたくさんあります。パナソニックでは、それをまずは取り除くことからはじめ、ガチ対話に向かいます。

　なかでも大きいのは、「恐れ」です。本音を言うことで、上司に目をつけられて、痛い目にあうとしたら、思い切ったことは言えません。「何か言っても大丈夫」という心理的安全性をつくることが大切です。

　また、長年、組織で働いてきたことで、自分の考えを素直に出せなくなっていることもあると思います。だから、「本音を言え」と言われても、急にそういうモードには切り替えられないのだと思うのです。そこで、当社では、ガチ対話の前に、できるだけ本音を言いやすくなるための取り組みを行っています。

　　　──たとえば、どんなことをされているのですか？

大西　よく実施しているのは、「オフサイトミーティング」です。

　合宿などをして、そのなかで「ジブンガタリ」「思いガタリ」を行って

います。自分の経歴や興味、特技といったパーソナルなことや、「何を仕事で実現したいのか」「この部門がどうなってほしいのか」といった仕事に対する思いを1人ずつしゃべってもらうのです。

　これを行うと、チームメンバーの人となりがわかってくるので、心理的な距離が縮まり、言いたいことが少しは言いやすくなります。

　　　──組織が大きいと、誰がどんな経歴でどんな特技を
　　　　持っているかすら、わからない……。

(大西)　そうなんです。この時、入社時から現在までの浮き沈みを曲線であらわす「ライフラインチャート」を書いてもらうこともあるのですが、それをシェアすると、実はまったく知らない過去を持っていて驚いた、なんてことがよく起きます。こうやって、その人の人生を知ることで、その人に対する心の距離は確実に縮まると思うんです。

　実際、A開発センターでは、部課長だけを集めたオフサイトミーティングを行ったところ、互いの距離が縮まり、部課長同士がフランクに話せるようになりました。また、別のB工場では、部課長が全員集まって事業部の課題や強みを話し合う場を、月1回以上のペースで、20回も持つことができました。その結果、従業員意識調査の数値も良くなりましたね。

　　　──そこまで効果があるのですね。

(大西)　手前味噌ですが、当社は優秀な人材がたくさんいますし、彼らは問題意識もしっかりと持っています。それをちゃんと口に出せるような働きかけをすれば、有意義な話し合いができるのです。

なぜ「自慢大会」が組織を変えるのか？

　　　──オフサイトミーティング以外にも、
　　　　本音を引き出す取り組みはありますか？

(大西)　C部門では、「自慢大会」を行いました。この部門は、従業員意識調査の数値が悪かったのですが、いきなり課題を話し合おうとしても、盛り上がりません。そこで行ったのが、「輝く瞬間」を話し合うことです。

図6−2　オフサイトミーティングの様子

この部門は全国にショウルームを展開しているので、「そのショウルームの仕事をしていてよかったこと」「自分たちの職場の素晴らしいところ」について、皆で「自慢大会」をしたのです。

　この目的は、単に良い気分にさせて、雰囲気を良くするということではありません。職場を良くするためには、ダメなところを改善するよりも、長所をより伸ばした方がいい。そのためには、まず長所を見つけ出すことからはじめよう、と考えたのです。

　すると、これが良い方向に働いたようで、マネジャーから、長所を伸ばす様々なアイデアが出てきました。そして、それぞれのショウルームに持ち帰って実践し、その効果を全国マネジャー会議で共有することで、組織全体に活気が生まれました。

　──「自慢大会」も非常に効果的な取り組みですね。

大西　会社で働いていると、ダメなところに目を向ける「ギャップアプローチ」が中心になります。それは、それで必要なことです。しかし、反面、組織のよいところを見つけ出す「ポジティブアプローチ」が忘れ去られがちなんですよね。しかし、本当はポジティブアプローチも重要なんです。

ちなみに、「見える化」をするために、現場のメンバーにインタビューをすることがあると話しましたが、その時も、ダメなところを指摘してもらうだけでなく、「今の職場の良いところ」や「職場がどうなったら一番良いと思うか」といったことも意図的に聞くようにしています。そうすることで、伸ばすべき方向性も見つかるし、社員も協力的になってくれます。

「組織を動かせる」手応えを早めに感じてもらう

　　　——ガチ対話だけでなく、見える化でも、
　　　　　ポジティブアプローチが重要なんですね。

大西　もう1つ、C部門が活気づいたのは、「自分たちが組織を動かす」という手応えが得られたことも大きいと思います。当社は組織が大きいので、社員が「自分が会社組織を動かせる」とは思っていないことが多いんですよ。しかし、この取り組みによって、自分が考えたアイデアが全国のショウルームに広がり、組織がよくなるのを目の当たりにすることで、「自分たちでも組織を動かせる」という実感を得られた。だから、ますます熱意を持って取り組む、という好循環が生まれたのでしょう。

　　　——そういった手応えを早めに感じてもらうことも、組織開発
　　　　　を成功させるうえでは重要だというわけですね。

大西　逆に言うと、データを集めて組織開発を行ううえで、もっともマズいのは、「まったく手応えが得られない」ことだと思います。職場の全員にインタビューをやったけれども、それを受けた施策が何も行われなかったら、皆、失望してしまいます。トップが組織開発活動に力を入れようと号令をかけても、「どうせまた言っているだけだ」となるでしょう。

　現場のマネジャーは、「忙しくて、組織の改善に手がつけられない」などと言うのですが、むしろ、調査結果を踏まえて組織を改善することは、優先順位を高くしなければならないと思います。

組織開発を行う人こそが、「恐れ」を打破しよう

――最後に、組織開発に取り組もうとしている読者にメッセージをいただけますか？

大西 「組織開発をやりたいんだけれども、やれない」という話をよく聞くのですが、私はやりたいのなら、周りの目を気にしないで、やった方が良いと思います。

実は、私自身も、もともとR&Dの部署にいたのですが、その部署で一念発起し、組織開発の仕事をたった1人ではじめました。当然、変わり者だと見られましたし、その後、人事に移ってきたときも「何か変な人が異動してきた」と思われていたそうです（笑）。

しかし、これまでやっていなかったことをしようとしたら、そう思われるのが当たり前です。ガチ対話ができないのは、マネジャーたちが「恐れ」を持っているからと言いましたが、実は、組織開発を進めようとしている人も同様です。マネジャーたちの「恐れ」を打破するには、まず自分が先頭に立って、「恐れ」を打ち破ることが重要ではないかと思います。

――ありがとうございました。

||||||||||||||||||||||||||||||||||||||||||||||||||||||||||||||||||||||||||||||||||||||||||||||||||||||

■事例解説

「AorB」ではなく、「AandB」をめざす

連結で8兆円の売り上げを誇り、27万人がつとめる日本屈指の大企業パナソニック。そこでは様々な組織づくりの試みが行われています。個人的には、パナソニックの組織開発で印象的だったのは、次の2点です。

1. 同社の組織開発が定量データを重視しつつも、定性的なヒアリングも重視していること
2. サーベイ・フィードバックを用いてダメ出しだけを行うのではなく、「自己の組織をどんな姿にしたいか」などのポジティブ

なことも話し合っていること

　同社において、組織開発を進めている大西さんの思考の特徴は、一般には「A or B」で考えられがちな局面において、**常に、「A and B」を行う勇気を持っていることのように思いました。**

　まず、定量データを重視しつつも、それを鵜呑みにしない姿勢についてです。大西さんは、同社の従業員意識調査がきっかけで組織開発が進むことを認めたうえで、「定量的なデータがあってもなくても、最初に持ち込まれた課題をそのまま鵜呑みにすることはありません」と述べています。
　とかく、世間では、量的データばかりが重視されていますが、問題の深掘りを行うためには、ヒアリングなどで定性的なデータも拾うことが重要です。要するに「定量か、定性か」ではなく「定量も、定性も」なのです。

　つぎに、同社の組織開発が、サーベイ・フィードバックを行い組織が抱える課題について考える機会を提供しながらも、その一方で、その職場や職場メンバーの良いところを見つけ出す話し合いも組み合わせて行っているところが印象的です。「自分の経歴や興味、特技といったパーソナルなこと」や「何を仕事で実現したいのか」「この部門がどうなってほしいのか」といった仕事に対する思いを語る「ジブンガタリ」「思いガタリ」、「入社時から現在までの浮き沈み」を曲線であらわして語る「ライフラインチャート」、自分たちの職場の素晴らしいところを皆で自慢し合う「自慢大会」などの試みは、特筆に値します。
　最後に、大西さんが**「組織開発担当者は恐れるな」**と自らを叱咤激励するかのように語っていた場面は、まさにそのとおりだと思います。人事・人材開発・組織開発の担当者が「下」を向いたら、その組織の「人々」は浮かばれません。人づくりと組織づくりの専門家は、いつだって、顔をあげ「まっすぐ前を向いて歩きたい」ものです。

組織変革の鍵は
「社員の関係性の質」にあり!

> サーベイ・フィードバックがうまくいかない原因で、よくあるのは、もともと職場のメンバーの関係性が低く、「ガチ対話」で本音が出てこないことです。このような場合は、スパイシーなフィードバックをする以前に、「メンバーの関係性の質」を上げる取り組みが必要です。そこで参考になるのが、自動車部品メーカーのデンソーの例。同社はどのように、社員の関係性の質を高めているのか、人材・組織開発室 担当課長の中川浩人さんと、人事戦略室 課長の金森英明さんに話を伺いました。

重要なのは、「関係性の質」を上げること

　　　──御社では、近年、組織開発に力を入れているそうですね。

中川　トップが先頭に立って組織力の重要性を提唱していまして、2013年から、様々なプロジェクトに取り組んでいます。組織開発の手法は色々ですが、効果的なサーベイ・フィードバックを行っていくためには、まずは「関係性の質」を上げることが重要だと思っています。

　　　──「関係性の質」とは何ですか?

中川　簡単に言えば、「チームのメンバーの人となりを理解すること」です。その下地がないと、何か話し合いをするときに、本音のコミュニケーションが取れません。踏み込んだ会話ができず、遠慮がちになってしまいます。実は、弊社でも、以前と比べて関係性の質が下がっている、という課題を抱えていました。

　　　──なぜ下がってしまったのでしょうか?

中川　最大の理由は、人となりを理解する会話が減ったからです。業務に関する会話は多いのですが、仕事に対する考え方やこだわり、あるいはプ

ライベートに関する会話が少なくなっています。

　　　　——同じ悩みを抱えている企業は日本中にたくさんあると
　　　　思います。「仕事が忙しい」「連絡手段がメールに」
　　　　「ノミュニケーションがなくなった」など、
　　　　原因は色々あるようですが……。

中川　また、これは弊社ならではですが、「問題解決思考で仕事の問題に
注目するあまり、人の関係性に注目することは疎かになりがち」なことも、
原因の1つです。

　こうした状況を打破するために、弊社では、関係性の質を上げる、様々
な取り組みをしています。

NFTで、メンバーの関係性を上げる

　　　　——どのようなことを行っているのですか？

中川　まず1つは、NFT（ニューファミリートレーニング）です。かつ
て日本企業では「ファミリートレーニング（職場ぐるみ訓練）」が盛んに
行われていました。職場のメンバーと1泊2日程度の合宿をし、今の課題
や解決策を和気あいあいと話して、関係性の質を高めていたわけですね。
弊社でも1970年代から行っていました。

　しかし、今は昔と比べ仕事のスピード・量・質が高まり、ダイバーシテ
ィも進んでいますから、全員参加の合宿なんてなかなかできません。また
40年以上前からしているので、皆、そのやり方に飽きてしまっています。
だから実施する部署が少なくなっていましたが、サーベイ・フィードバッ
クなどの組織開発の土台をつくるためには、ファミリートレーニングの
「コミュニケーション向上」という機会は今でも有効です。そこで、2018年
より、新たな形で復活させました。合宿では参加できない人が出てくるの
で、生産現場でも対応しやすい休日の午前中の4時間程度に短縮しました。

　　　　——NFTではどんなことをするのですか？

中川　「ポジティブアプローチ」が身につくようなワークショップをしま

す。ポジティブアプローチとは、先ほどの「問題解決思考・ギャップアプローチ」とは違う概念です。問題を見つけ出すのではなく、互いの強みや価値を発見し、互いの夢を共有して、実現に向けた計画を立てる、というアプローチです。このようなポジティブな思考は、関係性の質を上げるためにも重要ですし、予測不可能な未来に向けた施策を見つけ出すうえでも欠かせません。

　具体的には、何人かのグループに分かれて、メンバー同士で仕事上の最高体験を聞き出しあう「ハイポイントインタビュー」や、自分たちの夢を形にする「オブジェの作成」、その夢を実現するための一歩踏み出す行動を考えて発表する「行動宣言」などを行います。

　　　　──反応はいかがでしたか？

中川　すべての製造部で展開しはじめたところ、非常に効果的ですね。「これまで職場では笑わない彼の笑顔をはじめて見た」とある工場長が言っていましたが、ワークショップの最中は、あちこちで笑い声と対話が飛び交っていました。皆、人となりを理解することに飢えているし、夢を現実化するという行為に喜びを感じるのでしょうね。関係性の質を上げる効果は大きいと思います。

20分×3人で話すだけでも良い

　　　　──関係性の質を上げるための取り組みは、

　　　　　他にもありますか？

中川　「しゃべり場」という取り組みも行っています。部署によっては、忙しくて、疲弊気味の組織ではポジティブ思考をするのもハードルが高いという状況の職場もあります。そういう職場のために、1時間程度で簡単にできるようにしたのが、「しゃべり場」です。

　用意するのは、「悲しかった」「嬉しかった」など、様々な感情表現とその正体を書いた「感情＆正体シート」です。これは、3人1組で行います。

　やり方は簡単で、1人に「最近、心が動いたこと」を「実は……」と話

してもらい、それを聞いた2人が、シートを参考に、話し手の感情に合った具体的な表現を付箋紙に書き出していきます。そして、その感情について、「どんな瞬間が悲しかったのですか?」「なぜその対応をしたのですか?」などと質問をしながら、深掘りしていくのです。このような対話をしていると、話し手は自分では気づいていなかった感情に気づけるし、聞き手はその人の人となりや感情の正体がわかります。1人20分で回して、3人で1時間話すだけでも、かなり関係性の質が上がりますね。

　　　──1時間で済むなら、どの職場でもできそうですね。

「塗り絵」をするだけで、互いのズレがわかる

中川　また、新しい組織が編成されたときに、組織開発のコンサルティングを行うのですが、最近、とくに好評だったのが、「塗り絵」です。

　塗り絵を行ったのは、新しい技術を手がける新組織が複数の職場から結成されたときです。一体感と成果を求めたい部長の想いで管理職が集まったワークショップのときでした。具体的には、その技術に関するすべての仕事を図であらわし、どの仕事をどのチームが担当しているのか、全員に色分けしてもらったのですね。

　すると、面白いことに、色を塗った範囲が皆バラバラ。そのプロジェクトを仕切っている3人のライントップも、色を塗る範囲がズレていました。業務上の話し合いはかなりしているのですが、それでもズレてしまうんですよね。このプロセスは参加者に好評でした。

　最終的には、そのスリートップで話し合ってもらい、1つの塗り絵に集約しました。その塗り絵をマネジャーたちに共有しました。

　　　──業務分担でモメて、仲が悪くなることはよくありますが、
　　　　それが防げるわけですね。

中川　新たに編成した組織だけでなく、古い組織でも、業務範囲の認識はズレていることがあります。一度試しにやってみると、お互いのすれ違いの原因に気付けるかもしれません。

データを用いた組織開発に本腰を入れる

　　──最近は、データによる組織開発にも
　　本腰を入れはじめたそうですね。

金森　弊社では、10年以上前から「職場力」というネーミングで、社員のモチベーションに関するサーベイを行っていました。自分・上司・職場に関する設問を用意し、年1回全社員に回答してもらっています。

　正直なところ、これまでは測定し、その結果を職場で話し合ってもらう形で任せていたのですが、今年から分析を深めたところ、興味深い結果が出てきています。

　たとえば、「上司は知識・技能・経験を豊富に持ち、指導している」という回答をしている人は、仕事に対するやりがいを感じられていない、という逆相関が見えてきました。もう、上司が自分の知識を教え込んで、そのとおりにやらせる時代ではないのかもしれません。現在は、このようなデータをどう職場にフィードバックしようか、検討しているところです。

——関係性の質が高まっていることで、サーベイ・フィード
　　バックも取り入れやすい環境ができていますね。

金森　はい。それぞれの職場で、「ガチ対話」や「未来づくり」をしても
らうことで、現場の組織開発が加速するのではないか、と期待しています。

||||||||||||||||||||||||||||||||||||||||||||||||||||||||||||||||||||||||||||||||||||||||||||||||||||||||||||||||||||||

■事例解説

関係の質を高めるアプローチが、現代の製造業を救う?

　約10年にわたり自動車部品世界シェア第1位を維持し続けているグロ
ーバル企業デンソー。デンソーの組織づくりの試みから、私たちは多くを
学ぶことができますが、印象的だったのは、次の2点です。

**1. 組織やメンバーのよいところに焦点をあてるワークショップを
実施して関係の質を高めていること**
**2. 職場アンケート調査と上司の行動をクロスして、自社にフィー
ドバックする知見を見いだしていること**

　第一に、「組織やメンバーのよいところに焦点をあてるワークショッ
プ」に関しては、同社では、職場のメンバーと4時間程度、自職場の課
題や解決策を和気あいあいと話して、関係性の質を高めるNFT（ニュー
ファミリートレーニング）を実施しています。「ファミリートレーニン
グ」は1970年代に流行した伝統的な組織開発ですが、働き方改革の流れ
もあることから、デンソーでは、これを短縮して行っています。

　また、同社では、1時間で関係の質を高めるワークショップ「しゃべり
場」も実行しています。これは日常生活で感じた感情を吐露し合うことに
より、職場メンバー相互の理解を高めていくものでしょう。

　日本の、特に製造業においては、現状とあるべき姿のギャップを見つけ、
「なぜ」を繰り返す問題解決思考が一般的なものになっています。この傾

向は、2つめの事例のパナソニックでも見受けられました。このような傾向のある職場においては、すぐにサーベイ・フィードバックに入るのではなく、そうした日常生活とは真逆の「関係の質」を高めるワークショップを行うと効果的なのではないか、という仮説が見て取れそうです。

　問題解決思考ももちろん大切なアプローチですが、職場や組織の未来についてガチ対話を行ううえでは、**メンバー同士がお互いの違いや良さをあらかじめ認識しておく必要があります。**この地盤があってこそ、サーベイ・フィードバックができるのです。

　次に、職場アンケートの分析では、「上司は知識・技能・経験を豊富に持ち、指導している」という、一見よいと思われる内容に、「意図せざる逆機能」が生じていることがわかりました。そのような上司のもとで仕事をしている人には、「仕事に対するやりがいを感じられていない」傾向があるのだといいます。

　この傾向が、どの程度一般性があるかは、今後の詳細な分析を待たなければわかりませんが、重要なことは、これは「組織・上司への、自社ならではの警鐘」になりうるということです。専門性が高く、技術力が高い上司は、それらの専門性や技術力でもって、部下をマネジメントしてしまっているのかもしれません。このデータは、そうした上司でも、ピープルマネジメントをしっかり行わなければならないことを示唆しているのかもしれません。

||||||||||||||||||||||||||||||||||||||||||||||||||||||||||||||||||||||||||||||||||||||

おわりに

　組織とは、今日も明日も順調に「課題」だらけ。

　日本の「組織」に思いを馳せるとき、私の脳裏には、いつもこの言葉が浮かびあがります。
　企業、学校、大学、病院……この世には、様々な「組織」がありますが、我が国のあまたある「組織」は、今、時代の変化に翻弄され、数々の「課題」と直面しているように、私には感じられます。

　企業は、順調に今日も「課題」だらけです。
　日本企業は、アジアパシフィックの企業の猛追を受けながら、GAFA などのグローバル企業としのぎを削っています。企業合併を繰り返しながら、事業の再編、整理を行い、基礎体力を高める必要にもかられています。
　戦いは「組織の外」だけではなく、「組織のなか」の「内なる戦い」もあります。圧倒的な人手不足を背景にしながら、いかに優秀な人材を採用し、リテンションさせ、成果を残していくか、という未曾有の戦いも、目下経験中です。戦後 70 年間をかけて築いてきた「日本型雇用」を見直し、働き方をアップデートしていく必要が生じています。

　日本の学校・大学も順調に「課題」だらけです。
　これらの教育機関は、こののち数十年に経験する若年層の人口減少に対応しながら、新たな時代に必要なカリキュラムの革新を行う必要があります。教育に関して一家言を有する教員たちが、いかに対立をさけ、組織の未来を生み出していくことができるのか。加えて、これから多くの学校は、教育機関同士の合併・再編を経験するでしょう。今後、数十年をかけて、組織の革新が繰り返されます。
　また、教員のなり手が不足している校種もあり、そうした校種においては、やはりこれまで戦後数十年にわたり続いてきた「働き方」を革新し、

人材を集め、引きとめる施策を行わなければなりません。戦後、昭和時代に培われた「働き方」や「組織のあり方」のアンインストールが急務です。

　病院も、今日も順調に「課題」だらけです。
　今、医療の現場は膨らみ続ける社会保障費の抑制をしつつ、さらに増え続ける高齢者に対して、安定的な医療を供給しなければなりません。医療の技術は日々高度化しており、医療従事者たちがチームで、それにたち向かうことも求められます。今後数十年にわたり、医療従事者たちの人手不足が深刻化していきます。組織のあり方を見直し、医療従事者に選ばれる病院をつくっていく必要があります。

▼

　ああ、日本の、私たちの組織から「課題」がなくなる日々はくるのだろうか。

　順調に課題が生まれてくる組織の現状を横目に見つつ、その課題を深刻に捉えながら、私は嘆息します。
　しかし、一方で、あまりに「楽天的」な私は、こうも思ったりすることもあります。

　日本の組織から課題はなくならないのかもしれないけど、課題を乗り越えることはできるのかもしれないな。
　課題があるのは今にはじまったことではなく、昔からそうだ。そして過去の先人たちも、それらと格闘して、サバイブしてきたのだ、と。

　歴史をひもといてみれば、かつて、日本は、海外の国々に、国自体の存続をおびやかされる時代もありました。そのとき、過去の日本人たちは、英知を駆使しながら、この難問に立ち向かってきました。「猿まね」と、どんなに揶揄されようが、近代的な制度、設備を海外から輸入し、国・行政・企業をアップデートしていきました。かつて、日本は、焼け野原のな

かから復興を遂げました。日本中が「空腹」と「貧困」にあえぐ時代でした。

　しかし、過去の先達たちは、力強く、粘り強く現実と向き合い、現在の日本の繁栄を築きました。基礎学力の高い人的資源を有効に活用し、世界に冠たる商品をつくりあげ、輸出で稼ぐ体制、強固な組織、雇用慣行をつくりあげました。

　そして現在……。

　ポストバブルの後遺症に苦しみ、グローバル化・情報化など、多くの荒波が押し寄せている日本企業は、今、大きな岐路に立たされています。

　確立された日本型経営、日本型の雇用慣行をいかに再構築するのか。人手不足のなか、いかに事業を継続し、拡大させていくのか。

　私たちは「モデルなき模索」の渦中にあります。

▼

「モデルなき模索」を前にして、私たちには何ができるのか？

　重要なことは、今まで見てきたとおり、日本に「難問」がなかった時代は存在しなかったということです。どの時代も、順調に「課題」だらけでした。

　今日、あなたの組織が、順調に「難問」だらけであるならば、

　過去も現在も未来も、順調に「難問」だらけであることも、また真です。

　だからこそ「下を向いてはいけないのだ」と私は思います。

　今、私たちになしうることは、顔を前を向けること、そして、地に足をつけて、腹をくくって、現実と向き合うことなのです。

　下を向かないこと……前を向くこと。

浮き足立たないこと……地に足をつけること。
右往左往しないこと……腹をくくって、向き合うこと。

なすべきことは、いつだって「シンプル」です。

▼

　本書『サーベイ・フィードバック入門』は、組織内外の戦いを何とか効果的に進め、現代社会を生き抜こうとする組織、そこに働く人々、そうした人々をリードするリーダーや管理者のために書かれました。サーベイにまつわる組織づくりのプロセスにおいて、私たちが「やるべきこと」をシンプルに書いたつもりです。

　従来の組織をアップデートし、新たな組織をつくりたいあなた。
　組織のあり方を見直し、誰もが働きやすい職場をつくりたいあなた。
　組織のアウトプットや、仕事のプロセスを可視化し、さらに筋肉質の組織をつくりあげたいあなた。

　サーベイによって行われる見える化、それにまつわるデータは、そんなあなたを応援します。あなたの周囲に「対話」を促し、あなたのメンバーたちが「自分たちの未来を自分たちでつくりあげるお手伝い」をすることができるのです。

　もちろん、データそのものは、決して、「答え」を提供しません。
　答えを出すのは、現場や課題の「渦中」にいる「私たち」です。
　しかし、私たちは「素手」で戦うのではありません。見える化やデータは、組織のなかにおいて、私たちが「思考」し、「対話」し、未来を決定していくための「確かな素材」を提供します。

　鏡にうつった自己像を見つめ、

対話を通じて、

自分たちの未来を、自分たちで決める。

　要するに、本書が言いたいことは、この3行に集約されます。

　今日も明日も順調に「難問」だらけの組織において、対話が生まれ、自分たちの未来を力強く決めていくことに、本書のささやかな知見が何らかのかたちで役に立つことを願っています。

▼

　最後になりますが、謝辞を述べさせていただきます。

　まず本書の編集・構成の労をとってくださったのは、PHP研究所の宮脇崇広さん、㈱オフィス解体新書の杉山直隆さんです。

　『フィードバック入門』『実践！フィードバック』から3冊目になる本書で、ようやく「フィードバック」の考えを「組織」に適用することにまで考えが至りました。宮脇さん、杉山さんとは、本書で3度目のプロジェクトになりますが、この場を借りて、心より御礼を申し上げます。

　また、近年のサーベイ・フィードバック、組織開発の研究をともに進めてきたパーソル総合研究所OD-ATLAS開発チームの小林祐児さん、青山茜さん、種部吉泰さん、岩崎真也さん、櫻井功さん、渋谷和久さん、ダイヤモンド社のWPL開発を10年前から筆者とともに推進してきた永田正樹さん（ダイヤモンド社）、松尾睦先生（北海道大学）にも心より感謝いたします。

　また本書には素晴らしい企業事例が3つ収録されています。

　デンソーの中川浩人さん、金森英明さん、またパナソニックの大西達也さん、メルカリの石黒卓弥さんには心より御礼を申し上げます。

　また本原稿の試読をしてくれ、筆者にフィードバックをくれた立教大学中原ゼミナールの学生諸氏、柴井伶太さん、我妻美佳さん、秋山亮さんに

心より感謝いたします。

　また横浜市教育委員会との３年間にわたる組織開発のプロジェクトは、私に様々な経験をもたらしました。横浜市教育委員会の山本朝彦さん、飯島靖敬さん、柳澤尚利さん、山内裕介さん、野口久美子さん、根本勝弘さんには心より感謝いたします。また今はプロジェクトを離れてしまったものの、同プロジェクトにおいてご協力いただいた立田順一さん（緑園西小学校）、外山英理さん（南吉田小学校）、松原雅俊さん（横浜国立大学）、データ分析とプロジェクト運営を進めてくれた辻和洋さん（立教大学）、町支大祐さん、プロジェクトを側方支援していただいた飯村春薫さんにも心より御礼を申し上げます。

　また、筆者のつとめる立教大学経営学部データアナリティクスラボを運営している田中聡さん、舘野泰一さん、高橋俊之さん、木村充さん、加藤走さん、小森谷祐司さんにも心より御礼を申し上げます。

　またサーベイ・フィードバックと学校づくりに関する様々なプロジェクトをすすめてきた学校法人河合塾・日本教育研究イノベーションセンターのみなさま、とりわけ、立教大学とのカウンターパートとなっていただいた高井靖雄さんには心より御礼を申し上げます。またこのプロジェクトを推進してきた立教大学の田中智輝さん、吉村春美さん、高崎美佐さん、村松灯さん、渡邊優子さんにも心より御礼を申し上げます。ありがとうございました。

　豊かな対話は身近な場所から
　あなたの過ごす半径５メートルから、対話が生まれますよう！

　2020年、春の息吹を感じる立教大学の美しいキャンパスにて

中原　淳

〈著者略歴〉

中原 淳（なかはら・じゅん）

立教大学 経営学部 教授（人材開発・組織開発）。立教大学大学院　経営学研究科
経営学専攻　リーダーシップ開発コース主査。立教大学経営学部リーダーシップ研究所
副所長。

1975年、北海道旭川市生まれ。東京大学教育学部卒業、大阪大学大学院人間科学研
究科、メディア教育開発センター（現・放送大学）、米国・マサチューセッツ工科大学客員
研究員、東京大学講師・准教授等をへて、2018年より現職。「大人の学びを科学する」を
テーマに、企業・組織における人材開発、組織開発について研究している。

著書に、『職場学習論』『経営学習論』（ともに東京大学出版会）、『組織開発の探究』
（中村和彦氏との共著、ダイヤモンド社）、『残業学』（パーソル総合研究所との共著、光
文社新書）、『フィードバック入門』『実践!フィードバック』（ともにPHP研究所）など多数。

Blog：NAKAHARA-LAB.NET（www.nakahara-lab.net）
Twitter ID：nakaharajun

編集協力：杉山直隆（オフィス解体新書）
装丁デザイン：西垂水敦＋市川さつき (krran)
図版・本文デザイン：桜井勝志
イラストレーション：ひらのんさ

「データと対話」で職場を変える技術
サーベイ・フィードバック入門
これからの組織開発の教科書

2020年3月11日	第1版第1刷発行	
2020年4月23日	第1版第2刷発行	

著　者	中　原　　　淳	
発行者	後　藤　淳　一	
発行所	株式会社PHP研究所	

東京本部　〒135-8137　江東区豊洲5-6-52
　　　　第二制作部ビジネス課　☎03-3520-9619（編集）
　　　　　　　　普及部　☎03-3520-9630（販売）
京都本部　〒601-8411　京都市南区西九条北ノ内町11
PHP INTERFACE　https://www.php.co.jp/

組　版	有限会社エヴリ・シンク	
印刷所	株式会社精興社	
製本所	東京美術紙工協業組合	

PHPの本

できるリーダーは、「これ」しかやらない

メンバーが自ら動き出す「任せ方」のコツ

伊庭正康 著

リーダーが「頑張り方」を少し変えるだけで、部下は勝手に頑張り出す！　部下への〝任せ方〟を知らないばかりに疲れているリーダー必読！

定価　本体一、五〇〇円（税別）

PHPビジネス新書

フィードバック入門

耳の痛いことを伝えて部下と職場を立て直す技術

中原 淳 著

多忙を極める現代のマネジャー。今こそ最強の部下育成法「フィードバック」が必要だ。読めば思い通りに部下が育ち、部署の業績も上がる一冊。

定価 本体八七〇円
（税別）

PHPの本

はじめてのリーダーのための

実践! フィードバック

耳の痛いことを伝えて部下と職場を立て直す「全技術」

中原 淳 著

次世代の人材育成法「フィードバック」を、会話
例やフレーズ、図・イラストを用いて徹底解説!
はじめて部下を持つマネジャー必読の一冊!

定価 本体一、六〇〇円
（税別）